KB180284

부동산 소장님
사용 설명서

부린이를 위한 **부동산 거래의 기술**

부동산 소장님 수요 없는 중요사

망둥이(오성일) 지음

아라크네

일러두기

부동산 소장님은 물건이 아니지만, 책 내용을 보다 쉽게 전달하고자 '사용' '활용' 등의 단어를 썼습니다. 정확히는 '부동산 중개 서비스'가 대상입니다. 현장에서 애쓰시는 부동산 소장님들의 양해를 구합니다.

처음으로 부동산에 가는 날이다. 아파트 하나에 부동산이 왜 이렇게 많은지. 발걸음은 곧 갈 길을 잃는다. 아무도 나를 신경 쓰는 사람은 없다. 하지만 그냥 길 가는 행인인 것처럼 행동한다. 몇 번이나 부동산 문 앞을 지나친다. 얼마나 고민했을까. 심장 박동은 최고치를 향해 달린다. 그래도 표정만큼은 무심한 듯 시크하게. 고개를 살짝 돌려 부동산 안쪽 분위기를 탐색한다.

한 부동산에는 근엄한 표정의 나이 지긋한 소장님이, 다른 부동산에는 깐깐해 보이는 젊은 소장님이, 또 다른 부동산에는 업무에 지친 듯 무표정한 소장님이 컴퓨터 앞에 앉아 있다. 아무리 고민해도 갈 곳을 정하기가 어렵다. 그나마 세 번째 부동산 소장님이 덜 무서워 보인다. 겨우 결심이 선다.

행인 흉내를 끝낼 때가 왔다. 세 번째 부동산에 들어가기로 마음먹는다. 덜컥 겁이 난다. 잘못 들어가는 것은 아닐지, 내가 잘 모른다고 사기를 치진 않을지, 호구 잡았다고 좋아하는 건 아닐지 속이 탄다. 그게 아니더라도 '제대로 말은 할 수 있을까?' '어떤 말을 해야 할까?' 걱정된다.

이제 막 부동산에 입문한 부린이에게는 부동산 매매 결정보다 넘기 어려운 벽이 소장님이다. 두렵다. 모든 것이 낯설게 느껴진다.

부동산 문을 열고 들어가는 것이 어렵다고 말하는 사람이 의외로 많다. 왜 그럴까?

정보의 비대칭성 때문이다. 부동산 거래의 주체는 매수인(사는 사람)과 매도인(파는 사람)이다. 하지만 대개 매수인은 매도인의 사정을 모르고, 매도인은 매수인의 사정을 모른다. 양쪽의 상황을 모두 아는 사람은 소장님뿐이다. 정보를 쥐지 못한 손님 입장에서는 소장님이 권력자다.

또 한 가지는 전문성의 차이 때문이다. 소장님은 중개 전문가. 매일 부동산 중개에 관해 생각하고, 경험한다. 우리는 어떤가? 「2018년도 주거실태조사」 결과 자가는 평균 10.7년을 거주하고, 임차는 평균 3.4년을 거주한다고 한다. 부동산 투자자가 아니라면 평생 소장님 얼굴 볼 일이 몇 번 없다. 뇌는 에너지를 아끼기 위해 꼭 필요한 것, 관심을 두는 것 이외에는 쳐다보지 않는다. 투자를 업으로 삼는 일부 투자자 외에 부동산 소장님과 소장님 역할에 대해 상세하게 아는 사람은 많지 않은 것이다. 소장님에 대한 두려움은 자연스러운 일이다.

매수인은 의심할 수밖에 없다. '나는 부동산에 대해 잘 모르니까 전문가인 소장님과 상대가 안 되잖아' '나는 이방인이고, 매도인과 소장님은 이 지역 터줏대감이잖아?' '둘이 예전부터 알던 사이 같은데' '만약 소장님이 매도인과 편먹고 나에게 편향된 정보를 주고 있다면?'과 같은 생각들이 머리를 어지럽힌다.

매도인도 크게 다를 것은 없다. 같은 동네라도 평소 소장님과 교류하며 지내는 사람이 얼마나 되겠는가? 대부분은 집을 내놓으며 소장님 얼굴을 처음 본다. 그것조차 전화로 처리하는 경우도 많다. '왜 자꾸 가격을 깎으라고 하지?' '이 가격에는 안 팔린다고?' '만약 소장님과 매수인이 짜고 소중한 내 자산을 싸게 팔도록 만드는 것이라면?'과 같은 이상한 생각이 든다.

부동산 거래가 매도인과 매수인의 줄다리기라면, 소장님은 중재자 역할을 맡는다. 거래 성사 전까지 매수인과 매도인 사이에 팽팽한 줄다리기가 이어진다. 친하다고 일방적으로 편들어 줄 이유는 없다. 물론 소장님의 이익에 따라 어느 한쪽에 살짝 힘을 실어 줄 수는 있겠지만.

소장님은 양쪽의 정보를 모두 쥐고 있는 사람이다. 그동안 얼마나 많은 사람을 상대해 보았겠는가? 때로는 소장님이 실어 주는 약간의 힘이 엄청난 결과를 가져온다. 나비 효과를 일으킨다. 따라서 우리는 가능하면 소장님을 적극적으로 활용해야 한다. 소장님을 제대로 이해하고 활용한다면 수수료의 몇 배, 혹은 몇십 배에 달하는 이익을 취할 수 있다.

　이익을 얻기 위해서뿐만 아니라 안전하고 원활한 거래를 진행하기 위해서라도 우리는 소장님에 대해 알아야 한다. 부동산 거래는 금액 단위가 크다. 실수가 생겼을 때 손해액도 크다. 소장님에게 의존하기만 해서는 안 된다. 소장님이 무슨 일을 하는지 이해하여 적극적인 거래의 주체가 되어야 한다.

　모든 것을 소장님에게만 맡긴다면, 거래 과정에서 잘못된 판단을 내릴 수도 있다. 실수가 발생할 수도 있다. 안 내도 되는 수수료를 과하게 지불할 수도 있다. 지불한 수수료에 미치지 못하는 서비스를 받을 수도 있다. 가장 큰 문제는 이익이든 손해든 그저 주어진 대로 받아들여야 한다는 것이다. 선택의 여지가 없다.

　시중에는 많은 부동산 책이 있다. 이 책들은 주로 투자 인사이트 및 방법론과 관련된 거시적인 내용을 다룬다. 하지만 부동산은 거시적인 공부에서 시작하더라도 결국은 거래에서 끝난다. 매물을 찾고, 소장님을 만나고, 가격을 흥정하고, 계약서를 써야 한다. 아무리 우리가 시장 분석을 잘해도 거래로 이어지지 않으면 소용없다.

　부동산 초보가 막막하게 느끼는 것은 거시적인 분석이 아니다. 실제 거래와 관련된 일이다. 소장님과의 소통이다. 그동안 우리는 이 부분을 오직 경험의 영역으로 취급해 왔다. 직접 소장님을 만나고, 거래하면서 배울 수밖에 없는 것으로 여겼다. 부동산 데이터 분석과 임장의 중요성에 관해서는 수없이 들었지만, 정작 우리가 부동산을 거래할 때 직접 부딪혀야 하는 소장님에 관해서는 생각해 본 적이 없다.

필자는 2019년에 부동산 투자를 시작한 이래로 수많은 소장님을 만났다. 매매 목적으로도, 임대 목적으로도, 임장 목적으로도 만나고 또 만났다. 다음에 다시 거래하고 싶은 소장님이 있었고, 다시 마주치기 싫은 소장님이 있었다. 어떤 소장님과는 몇 번씩 연락을 주고받았다. 어떤 소장님과는 술을 한잔하기도 했다. 소장님에 대해서 조금씩 이해와 경험의 영역을 늘려 왔다.

필자가 소장님보다 부동산 중개에 관해 잘 아는 것은 아니다. 소장님은 중개를 업으로 삼는 프로다. 필자는 소장님보다 부동산 중개에 관해 잘 알지 못한다. 그렇다고 아직 베테랑 투자자라고 할 수도 없다. 일반인보다 거래 경험이 많다고 해도 10년, 20년 경험이 쌓인 노련한 투자자에 비하랴. 하지만 그렇기 때문에 부동산 초보의 상황과 마음을 누구보다 잘 이해한다. 제삼자의 입장에서 객관적으로 부동산 소장님을 어떻게 활용하면 좋을지 이야기할 수 있다. 가려운 곳을 시원하게 긁어 줄 수 있는 것이다.

이 책은 실거주 주택을 매수·매도하고 싶은데, 갈아타기를 하고 싶은데, 투자를 하고 싶은데 부동산 거래 경험이 부족한 모든 부린이를 위한 책이다. 부동산 거래에서 자유로울 수 없는 대부분의 대한민국 국민을 위한 책이다. 처음 부동산 거래할 때 사시나무 떨듯 떨었던 과거의 나를 생각하며 쓴 책이다.

부동산 소장님에 대한 이해를 바탕으로 중개 서비스를 유리하게 활용할 수 있는 팁을 담았다. 불필요한 금전적 손실을 막고 이익을 보기 위해 현명하게 사고파는 거래의 기술을 이야기했다. 부족한 부분은 소장님과의 인터뷰를 통해 보충했다. 또한 외부자의 장점을 적극 살리고자 했다. 내부자인 소장님은 보기 힘든 관점에서 생각하기 위해 노력했다. 소장님이 직접 말하지 못하는 영업 비밀도 다루었다. 더 나아가 부동산 거래를 하는 우리가 궁극적으로 지향해야 할 목표에 관해서도 서술했다.

우리는 어둠을 싫어한다. 어둠 안에서는 아무것도 보이지 않기 때문이다. 보이지 않으면 인간의 뇌는 자동으로 상상력 프로그램을 가동한다. 상상력은 좋은 쪽보다 나쁜 쪽으로 뻗어 나간다. 혹시 모를 위험에 대비하기 위해서다. 그러나 막상 불을 켜면 무서운 것은 없다. 상상력이 만든 두려움이었을 뿐이다. 현실은 평온한 경우가 대부분이다.

소장님을 비판하거나 옹호할 생각은 없다. 다만 불을 환하게 켜서 우리가 몰랐던 소장님을 보여 주려고 한다. 이 책은 당신에게 불빛과 같은 역할을 할 것이다. 불빛 아래에서 그동안 막연하게 상상력에 의존했던 소장님과 부동산 거래에 대해 자세하게 관찰하고 나면, 두려움은 곧 사라질 것이다. 어떻게 해야 현명하게 부동산 거래를 할 수 있는지 이해하게 될 것이다.

이 책은 네이버 스마트스토어에서 전자책으로 먼저 출간되어 이례적인 판매고를 올렸다. 대다수 독자가 평점 5점을 주었다. 쉽게 잘 읽히는 책, 실질적인 도움을 주는 책, 자신감과 용기를 주는 책, 친절한 책, 걱정하던 것을 정확하게 짚어 주는 책이라는 평가를 받았다. 부동산 소장님들도 책을 읽고 좋은 평가를 남겨 주었다. 지속적으로 종이책을 내달라는 요청을 받았다. 이에 용기를 얻어 종이책 출간을 결심할 수 있었다.

전자책을 종이책으로 수정하면서 전체적으로 책의 질을 높이기 위해 노력했다. 새롭게 얻은 경험과 통찰을 추가했다. 문장을 조금 더 매끄럽게 다듬었다. 도표와 대화 상자, 디자인도 보기 좋게 수정했다. 책 맨 뒤에는 부린이가 어려워할 만한 부동산 용어를 따로 풀이했다.

이제 넓은 세상으로 나가 더 많은 독자와 함께할 생각에 마음이 설렌다. 출간 제안서를 보자마자 빛의 속도로 출간을 결정해 주신 도서

출판 아라크네 김연홍 대표님과 구나영 부장님께 감사하다. 그동안 교류하며 인터뷰에 흔쾌히 응해 주신 부동산 소장님들, 책이 나오기까지 응원을 아끼지 않은 자본주의 스터디 '점프' 멤버, 카페 회원, 블로그 이웃, 오랜 친구들에게 감사의 뜻을 전한다. 늘 한발 앞서 나아가야 할 길을 보여 주시는 필자의 영원한 멘토, 『혼투족을 위한 남다른 부동산 투자』의 저자 옥동자님께 특별히 감사하다. 부족한 필자를 훌륭하게 키워 주시고, 언제나 묵묵하게 응원해 주시는 양가 부모님께 감사하다. 마지막으로 세상에서 가장 사랑하는 우리 딸 은수와 은우, 아내 지연에게 고맙다. 가족은 내가 끊임없이 더 나은 사람이 되고 싶게 만드는 원동력이다. 특히 슈퍼맨 아내는 회사일, 집안일, 육아까지 하는 와중에 책을 쓸 수 있도록 배려해 주었다. 아내의 배려가 없었다면 이 책은 나오지 못했을 것이다.

2024년 8월
망둥이

부 동 산 소 장 님 사 용 설 명 서

CHAPTER 1

소장님에 대한 **이해**

부동산 소장님이 하는 일은 무엇일까?
소장님이 가장 중요하게 생각하는 것은 무엇일까?
좋은 성과를 거두기 위해서는 일을 하기 전 반드시
대상에 대한 연구와 이해가 선행되어야 한다.
소장님 활용법을 알아보기 전 소장님과
소장님이 하는 일에 대해 자세히 알아보자.

[🏢]
소장님이 꼭 필요한 이유

부동산 소장님의 주 업무는 부동산 중개다. 매도인과 매수인, 임대인과 임차인을 연결하고 수수료를 받는다. 어떤 사람들은 소장님이 특별히 하는 일 없이 손쉽게 돈을 받는다고 말한다. 집 한번 보여 주고, 계약서 하나 써 줄 뿐인데 한두 푼도 아닌 몇백만 원에 달하는 수수료를 갈취(?)해 간다고 생각한다. 필자도 예전에는 그랬다. 중개 수수료가 아까웠다.

우리는 종종 자본주의를 오해한다. 이를테면 과일 가격이 비싼 것은 유통 업자가 폭리를 부렸기 때문이라고 생각한다. 유통 업자만 없으면 가격은 내려갈 거라고 말한다. 하지만 자본주의는 야생이다. 돈과 효율이 모든 것을 결정한다. 돈이 안 되고 효율이 나오지 않는 업종은 누가 뭐라 하지 않더라도 자연도태가 된다. 지금 이 순간 존재한다면, 존재의 이유가 있는 것이다.

아무리 인터넷을 통한 직거래 시스템이 가능한 시대라고 해도 유통업자가 사라지면 큰 혼란이 생길 수밖에 없다. 농민들은 농산물을 보관하는 창고를 개별적으로 갖추어야 한다. 판매망 구축이며, 홍보, 배송까지 스스로 해결해야 한다. 그 모든 것을 다 했음에도 팔리지 않는다면? 남은 농산물 또한 농민들이 떠안아야 한다. 치명적인 타격을 받는 것이다. 유통 업자는 리스크를 안고 이 모든 일을 처리해 주는 사람이다. 소비자에게 욕을 먹으면서도 중간 유통업이 사라지지 않는 것은 유통 업자가 필요하다는 반증이다. 애써 그들의 존재 이유를 따로 찾을 필요가 없는 것이다.

부동산 시장이 침체될 때마다 등장하는 키워드가 있다. '아파트 교환 거래'다. 하락장이라 아파트 거래가 잘되지 않는 상황에서 일시적 2주택 비과세 기한 내에 서로 매물을 교환하여 비과세 혜택을 받으려는 것이다. 지역 카페에서 심심찮게 올라오는 글이지만 실제로 교환되는 경우는 드물다.

필자의 지인 중 한 명도 교환 거래를 하려고 했다. 일시적 2주택 비과세 기한이 얼마 남지 않았는데, 부동산 거래가 전혀 안 되는 상황이었다. 얼마 지나지 않아 지인은 필자에게 어려움을 토로했다. 어렵게 구한 거래 상대는 같은 아파트, 비슷한 층에 살았다. 그럼에도 자신의 집은 옆 라인과 마주 보지 않아 사생활 보호가 되니 3,000만 원을 더 달라고 한단다. 협상은 더 이상 이루어지지 않았다. 그 후 지인은 다른 아파트에 사는 사람과 KB 시세대로 교환하기로 합의했다. 문제는 며칠 사이에 지인 아파트의 KB 시세가 떨어졌다는 것이다. 상대는 5,000만 원을 더 내놓으라고 했다.

필자는 필자가 가진 자산을 고평가한다. 필자만 그렇게 생각할까? 아니다. 내 새끼가 남의 새끼보다 예뻐 보이는 것은 만고의 진리다. 조금이라도 더 이익을 보고 싶은 마음은 본능적인 욕망이다. 한쪽은 어떻게든 비싸게 팔려고 하고, 다른 한쪽은 어떻게든 싸게 사려고 한다. 이런 자산을 매매 당사자들끼리 직접 거래한다면 의견이 부딪칠 수밖에 없다. 가운데서 중재해 줄 사람이 필요하다. 교환 거래에서는 그 역할을 할 사람이 없다. 도돌이표처럼 서로의 입장 차이만 되풀이해서 확인할 뿐이다.

부동산 직거래를 하려고 매물을 내놓았다고 가정해 보자. 전혀 모르는 사람에게 우리 집 문을 열어 줘야 한다. 계약서를 쓰면서 중요한 부분을 빼먹는 일이 생길 수도 있다. 이사 날짜나 잔금 일정 같은 자잘하고 성가신 의견 조율도 직접 해야 한다. 무엇보다 100만~1,000만 원 단위로 움직이는 가격 조정에서 생기는 입장 차이를 해결하기가 어렵다.

사소한 일로 서로의 감정이 상하기 십상이다. 결국 거래는 성사되기 힘들다. 부동산 거래가 되지 않으면 부동산 시장에 참여하는 많은 사람(대부분의 국민)이 불편을 겪어야 한다.

부동산 거래는 자신의 소중한 재산이 걸린 문제다. 매도인과 매수인은 극도로 예민해진다. 자칫 실수하면 1년치 연봉이 날아가기도 한다. 이런 둘 사이에서 합의점을 찾아 주는 것이 소장님의 역할이다.

세상에는 다양한 직업이 있지만, 필자는 사람을 상대하는 직업이 가장 어렵다고 생각한다. 그러니 소장님에게 주는 중개 수수료가 아깝다고 생각하지 말자. 이왕 내는 돈이라면 수수료를 아까워하기보다는 조금이라도 자신에게 유리한 계약이 될 수 있도록 만드는 것이 낫지 않을까?

소장님의 업무

　우리는 소장님이 하는 일에 관심을 가져야 한다. 수수료 내고 중개 서비스를 이용하는데 왜 소장님 업무까지 챙겨야 하냐고 반문할 수도 있다. 그러나 소장님의 업무를 알아야 하는 분명한 이유가 있다. 거래 단계별로 소장님이 어떤 역할을 하는지 알아야 필요한 사항을 적재적소에 요구할 수 있기 때문이다. 또한 소장님도 사람이다. 소장님이 실수했을 때도 우리가 보완할 수 있다.

　실제로 중요한 절차를 빠뜨리거나 실수하는 소장님이 있다. 어떤 소장님은 앞뒤 없이 다른 매수인도 고민하고 있으니 일단 가계약금부터 넣으라고 재촉하기도 한다. 그러나 절차를 건너뛰다가 소장님의 실수로 중개 사고라도 나면 결국 피해는 나 자신에게 돌아온다.

소장님

사장님, 매도인이 500만 원 깎아 준대요. 얼른 가계약금 넣으세요.

네, 소장님. 가계약금 넣을게요. 참, 등기부등본은 확인하셨죠?

망둥이

소장님

앗, 내 정신 좀 봐.

　　물론 중개 사고 발생에 대비한 보험이 있지만, 상한선이 존재한다. 부동산은 기본값이 크다. 충분하지 않은 금액이다. 책임 소재에 대한 진실 공방이 오갈 수도 있다. 금전적 손실 못지않게 시간적·정신적 손실 역시 중요하게 생각해야 한다.

　　소장님이 중개 전문가라는 점에는 이견이 없다. 그러나 부동산 거래는 우리의 전 재산이 들어가는 일이다. 거래 절차를 전혀 모르는 것과 간략하게라도 이해하고 있는 것은 천지 차이다. 알면 큰 손해를 막을 수도 있다. 모든 것을 남에게 일임해서는 안 된다.

매물 확보

소장님이 거래 성사를 위해 가장 먼저 해야 하는 일은 무엇일까? 물건을 팔려면 물건이 있어야 한다. 서비스를 팔려면 서비스가 있어야 한다. 거래 성사를 위해서는 기본적으로 매물을 갖고 있어야 한다. 소장님은 주로 두 가지 방법으로 매물을 확보한다.

첫째, 소극적인 매물 확보 방법이다. 매도인(임대인)이 오기를 기다리는 것이다. 그러려면 평소에 자기 홍보를 확실하게 해 놓아야 한다. 부동산은 동네 장사다. 명함을 각 세대 문 앞에 붙여 놓거나, 부동산 앞에 입간판을 세워 놓는다. 아파트에 기부한 주차 차단 구조물에 상호를 붙이기도 한다. 오가는 손님들에게 친절하게 상담해 주며 좋은 인상을 심어 주는 일 역시 중요하다.

과거에는 오프라인 홍보가 대세였다면 최근에는 온라인 홍보가 대세다. 온라인 채널을 활용하여 손님들에게 인지도를 높이고 있다. 요즘 소비자들은 인터넷에서 먼저 검색을 하고 연락한다. 시대 변화에 맞춰 블로그나 유튜브를 운영하고, 네이버 파워링크 등을 통해 홍보하는 소장님이 늘었다. 지역 맘 카페나 부동산 카페에서 활동하며 브랜딩을 하기도 한다.

둘째, 적극적인 매물 확보 방법이다. 광부는 광물을 채굴하고, 코인 채굴 업자들은 비트코인을 채굴한다. 소장님도 매물을 채굴할 수 있다. 매도인에게 직접 전화해서 좋은 가격에 거래를 성사시킬 수 있으니 매물을 내놓으라고 권유하는 식이다.

인터뷰했던 한 소장님에게 흥미로운 이야기를 들었다. 잘나가는 상가에는 권리금이라는 것이 붙는다. 미래에 벌어들일 수 있는 수익의 일부를 권리금으로 계산하는 것이 일반적이다. **하지만 부동산의 권리금은 해당 부동산이 얼마나 많은 고객의 개인정보를 확보하고 있는지에 따라 금액이 달라진다고 한다. 소장님에게 고객 명단은 매물 확보를 위해 가장 필요한 도구이기 때문이다.**

소장님은 한 번이라도 부동산에 문의했거나 거래했던 손님의 정보는 버리지 않는다. 컴퓨터와 핸드폰에 차곡차곡 쌓아 놓는다. 어떤 손님이 거래한 지 2년이 지났다면 새롭게 거래해야 할 가능성이 크다(매매는 2년 보유해야 비과세 받을 수 있고 전세도 2년마다 갱신해야 하므로, 소장님에게는 2년이라는 시간을 계산하는 것이 중요하다). 그런 손님에게 매매나 임대 계획이 없는지 확인한다. 운이 좋다면 새로운 매물을 받을 수 있다.

▷ 소장님이 매물 확보를 위해 보낸 문자 예시

안녕하세요
████ 단지내에 있는 ████부동산
입니다
정부의 부동산규제정책으로 모두
혼란스러운 상황의 연속입니다.
입주 2년이 다 되어가고 있어서
사장님 소유주택의 매매,전월세
계획이 어떠하신지 문자드렸습니다.
혹 계획이 있으시면 문자
부탁드립니다
그리고 시세나 규제에 대해서
궁금하신 점이 있으시면 언제든지
전화주세요 성심껏 상담
해드리겠습니다
현재 시세는
매매 : ████억
전세 : ████억 선입니다
감사합니다

████ 님 안녕하세요?
████ 입구에 있는 ████부동산
입니다
████은 현재 관리처분변경
인가를 위한 준비단계에 있으며,
매매는 조금 주춤한 상황입니다
다만 매도시에는 입주권 상태이므로
양도세 중과는 적용되지 않는다는
점을 알려 드립니다
그 밖에 궁금하시거나 상담이 필요
하시면 언제든지 저희 ████부동산
████에 전화하시거나
문자 보내 주시면 늘 친절히 안내해
드리겠습니다
다가오는 새봄에는 가내 모두 평안
하시고 하시는 사업도 번창하시기를
빕니다
감사합니다

*본 문자는 조합원님께 정보를
제공해 드리기 위하여 발송
되었으며, 원하지 않으실 경우
문자해 주시면 발송에서 제외
하겠습니다

신축 아파트 사전 점검에 가 보았다면 휴지나 물티슈 등과 함께 다양한 전단을 든 사람들을 본 적이 있을 것이다. 매매나 임대 정보를 주겠다고 전화번호를 수집한다. 사전 점검일에 입주 예정자는 보통 지하 주차장에 차를 주차하고 집을 점검하러 가는데, 이를 이용하는 소장님도 있다. 자동차 앞 유리에 적힌 번호를 적기 위해 지하 주차장을 도는 것이다. 덕분에 신축 아파트 입주민 개인정보는 공공재라는 우스갯소리가 나오기도 한다. 소장님은 수집한 전화번호로 주기적인 홍보 문자를 보낸다.

어떤 식으로든 소장님은 당신의 전화번호를 알고 있다는 사실을 기억하자.

매물 확인

소장님은 매물 의뢰가 들어왔을 때 가장 먼저 매도인(임대인)에게 거래에 필요한 정보를 물어본다. 등기부등본을 떼어 보는 것도 필수다. 명의는 어떻게 되어 있는지, 문제가 있는 매물은 아닌지 확인한다.

• 매매
동, 호수, 매매 가격과 함께 언제까지 매매해야 하는지 알아본다.

집 구조와 상태도 확인한다. 수리를 했다면 언제 했는지, 어느 정도 범위를 수리했는지 파악한다. 신축 아파트라면 집 상태가 대개 비슷하다. 따라서 시스템 에어컨, 중문, 조명, 가구 등 각종 옵션에 관해 집중적으로 물어보는 편이다.

▷ 매매 매물 조건 확인 프로세스

주인이 거주하는지, 임차인이 거주하는지, 아니면 공실인지 알아야 한다. 그래야 투자를 하는 매수인과 연결할지, 실거주를 원하는 매수인과 연결할지 계산이 서기 때문이다. 이사 계획 없는 임차인이 거주하는 매물을 실거주 매수인에게 추천할 수는 없다. 반면에 투자자에게는 적합한 매물일 것이다.

매도인이 직접 거주할 경우 이사 날짜가 정해져 있는지, 정해져 있지 않은지 확인한다. 이사 날짜가 정해져 있다면 딱 그 날짜에 이사

가능한 매수인에게만 연결할 수 있다. 반면에 이사 날짜가 정해지지 않았다면 상대적으로 더 많은 매수인에게 브리핑할 수 있다.

임차인이 거주할 경우 임차인이 거주하는 상태에서 명의만 넘기는지(세 안고 매매), 임차인이 이사 나갈 예정인지 알아야 한다. 임차인이 나간다면 이사 날짜가 정해져 있는지, 정해져 있지 않은지도 확인해야 한다.

갈수록 임차인과 집 보러 가는 약속을 잡는 일이 어려워지고 있다. 집주인과 관계가 틀어져서 의도적으로 보여 주지 않는 경우, 사생활을 중요하게 여기는 경우, 바빠서 못 보여 주는 경우, 집을 빼 주기가 싫어서 일부러 회피하는 경우 등 이유는 다양하다. 미리 파악하지 않으면 손님에게 브리핑해 놓고도 집을 보여 주지 못하는 불상사가 생길 수 있다.

공실이면 매도인이 소장님에게 비밀번호를 알려 주는 경우가 많다. 손님이 있으면 아무 때나 집을 보여 줄 수 있다. 이사 날짜를 신경 쓸 필요도 없다. 중도금까지 입금하고 수리할 시간을 줄 수도 있다. 매수인의 사정에 모두 맞춰 줄 수 있는 것이다. 매도하기에 가장 유리한 조건이다.

따라서 '공실 > 집주인 거주 > 임차인 거주' 순서로 매도하기가 수월하다고 할 수 있겠다.

매도인에게 집을 파는 이유를 물어보는 것도 소장님의 단골 멘트다.

매도인

소장님, 그럼 잘 부탁드립니다.

참, 사장님. 그런데 집은 왜 파시는 거예요?

소장님

매도인

애들이 학교 갈 때가 돼서 ○○동으로 갈아타기 하려고요.

군이 집을 파는 이유는 왜 물어보는 걸까? 이 부분은 뒤에서 자세히 설명하겠다.

매수인마다 매수하려는 목적과 상황이 조금씩 다르다. 처음부터 매도인에게 매물 조건을 꼼꼼하게 파악해야 제대로 매칭이 가능하다. 그래야 일을 두 번 하지 않는다.

• 임대

임대 매물 확인 과정은 조금 더 간단하다. 투자 목적으로 임대차 매물을 계약하는 사람은 없다. 실거주만이 목적이다. 경우의 수가 줄어든다. 따라서 전세 금액과 집 상태, 이사 날짜를 확인하는 것에 중점을 둔다.

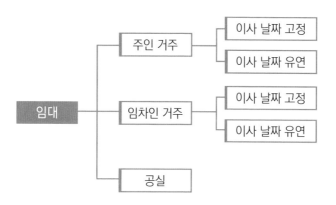
▷ 임대 매물 조건 확인 프로세스

추가로 알아보아야 할 중요한 정보는 근저당권 설정 여부다. **해당 주택으로 선순위 대출을 받아 둔 것이 있다면 임차인이 계약을 꺼린다.** 만약 주택이 경매에 넘어갈 경우 법원은 선순위 대출을 먼저 갚아 주기 때문이다. 임차인이 전세금을 다 돌려받지 못할 가능성이 생기는 것이다. **대출이 껴 있는 물건은 대출이 없는 매물보다 낮은 가격에 내놓아야 거래된다.** 리스크를 감수하고라도 싸게 전세를 얻고 싶은 임차인에게만 소개할 수 있다.

집 상태가 좋지 않다면 임대인이 수리해 주는 것인지, 임차인이 수리해야 하는 것인지도 확인해야 한다. 도배·장판 정도는 전세일 경우 임차인이, 월세일 경우 임대인이 하는 것이 일반적이지만 관례일 뿐이다. 시장 상황에 따라 다르다. 임대인이 급하면 임대인이, 임차인이 급하면 임차인이 하게 된다. 언제나 그렇듯 목마른 사람이 우물을 판다.

매물 홍보

 인터넷이 발달하지 않았던 과거에 소장님은 지역 정보지를 활용하거나 매물 안내문을 창문에 부착하는 방법으로 홍보했다. 이제 사람들은 온라인에 더 익숙하다. 종이 홍보지를 보고 부동산에 찾아가지 않는다. 대부분 네이버 부동산을 본다. 소장님도 시대에 맞춰 대응한다. 매물 의뢰가 들어오면 가장 먼저 네이버 부동산에 올린다.

 이후 집주인 인증을 진행한다. 네이버 부동산에서 집주인 인증은 집주인이 직접 매매 매물을 확인했다는 의미다. 집주인 인증을 하기 위해서는 매도인의 이름과 전화번호, 그리고 통신사를 알아야 한다. 이름과 전화번호는 등기부등본, 고객 명부, 핸드폰에 찍힌 번호 등을 보고 알 수 있지만 통신사는 그럴 수 없다. 부동산에 매물을 내놓을 때 소장님이 당신의 통신사가 어딘지 묻는 이유다. 집주인 매물 인증 문자에 매도인이 확인 버튼을 누르면 네이버에 집주인 인증 마크가 찍힌다.

 네이버 부동산에서는 집주인 인증 마크가 붙은 매물과 붙지 않은 매물이 구분되어 올라온다. 최근에는 대부분 집주인 인증을 하기 때문에 마크가 붙지 않은 매물이 오히려 두드러진다.

 집주인 마크가 없는 물건은 미끼 매물일 가능성도 있다. 일부 소장님은 매수인의 전화를 유도하기 위해 미끼 매물을 올려놓는다. 실제로는 없거나 이미 거래된 매물을 저렴한 가격에 올려놓는 것이다. 매수인이 가격을 보고 전화하거나 방문하면, 그 물건은 매도인이 보류했다고 하면서 다른 물건을 브리핑하는 식이다.

▷ 집주인 인증 마크가 있는 매물(위)과 없는 매물(아래)

매매 8억 2,000

아파트 | 114.66A㎡ (84.94A) | 고/29층 | 남서향

"최근 올인테리어. 깔끔 세련. 시스템 AC 4대. 컨디션 짱 ... "

집주인 확인매물 2024.06.28

공인중개사사무소 | 매경부동산

매매 7억 6,500

아파트 | 114.66A㎡ (84.94A) | 18/29층 | 남서향

"채광굿. 조용한라인. 역초역세권. 입주협의가능"

등록 2024.07.17

공인중개사사무소 | 한국공인중개사협회

한편, 일부러 거짓 정보를 올리는 소장님도 있다. 대부분의 소장님은 이미 매도인 명단을 확보하고 있다. 네이버 부동산에 동과 층이 특정되어서 홍보가 되면 다른 부동산에서 매도인에게 따로 연락을 한다. 손님이 있으니 자신에게도 매물을 달라고 한다. 다른 부동산에서

매물을 받으면 경쟁이 심화된다. 결국 좋은 매물을 빼앗기지 않기 위해 연막작전(?)을 쓰는 것이다.

구축이라면 네이버 부동산에 일단 수리되어 있다고 올린다. 수리가 되어 있다고 해야 손님들이 추가로 들어갈 돈이 적다고 느끼기 때문이다. 기본, 깔끔함, 부분 수리, 옛수리, 올수리, 특올수리 같은 매물 소개가 있다면 다음과 같이 해석하는 것이 좋다. 기본은 아파트 입주 후 한 번도 손댄 적이 없는 상태다. 깔끔함은 기본 상태지만 크게 망가진 부분 없이 정리는 되어 있다는 뜻이다. 부분 수리는 보일러만, 신발장만, 혹은 화장실이나 싱크대만 새로 교체한 상태다. 그냥 살 것이 아니면 결국 다 바꿔야 할 가능성이 높다. 옛수리는 전체적으로 한 번 수리했지만 10년은 족히 지나서 다시 손봐야 한다는 말이다. 수리가 안 된 것으로 보면 된다. 올수리는 4~8년 전에 수리해서 어느 정도 사용감이 있는 상태다. 아주 깔끔한 상태를 원하는 것이 아니라면 도배, 장판, 필름, 화장실 정도만 수리해도 쓸 만하다. 특올수리는 2~3년 이내에 집 안을 모두 수리하여 손댈 곳이 없는 상태. 물론 취향은 탈 수 있다는 점에 주의하자.

적극적인 소장님은 집 내부 사진을 찍어 네이버 부동산과 블로그에 홍보하기도 한다. 블로그에서는 조금 더 자세하게 매물 상태를 확인할 수 있다. 이렇게 열정적으로 소통하는 소장님에게는 상대적으로 매수인의 연락이 올 가능성이 높아진다.

매수인(임차인) 정보 확인

손님이 부동산에 찾아오면 소장님은 먼저 손님의 방문 목적을 파악한다. 손님이 매수를 원하는지 임차를 원하는지, 매수를 원하면 실거주 목적인지 투자 목적인지 구분한다. 실거주 목적이면 매매 금액은 어느 선까지 가능한지, 투자 목적이면 투자금(매매 금액 - 전세 금액 = 실제 들어가는 돈)은 얼마나 있는지 확인한다. 손님이 임차인일 때는 확인할 것이 비교적 간단하다. 임차인이 생각하는 전세 보증금과 이사 날짜, 그 밖의 요구 사항만 따져 보면 된다.

▷ 매수인 조건 확인 프로세스

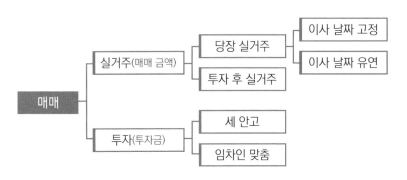

손님이 대출을 받아야 한다면, 받을 수 있는 대출과 대출 가능 금액을 상담해 준다. 매수인도 스스로 확인해 봐야 하지만 소장님에게도 중요한 문제다. 계약까지 했는데 대출받을 수 없는 상황이 벌어지면

사고로 이어지기 때문이다.

세금 관련해서는 대부분의 소장님이 상담을 꺼린다. 세금 규제가 너무 겹겹이 쌓여 있기 때문이다. 오죽하면 '양포세(양도세를 포기한 세무사)'라는 신조어까지 만들어졌을까? 세무사도 세무 상담을 포기하는 판이니 소장님은 더 모를 수밖에 없다. 혹시나 잘못 상담했다가 나중에 억대 세금이 나오면 책임지기 힘들다. 주로 세무사에게 상담을 권한다.

매수인(임차인)의 정보를 확인했다면 매매 가능 금액, 또는 투자금에 따라 매물을 추린다. 이사 날짜가 맞지 않는 매물은 뺀다. 이런 식으로 하나하나 덜어 내다 보면 조건에 맞는 매물들이 남는다. 요즘에는 매수인(임차인)이 네이버 부동산에서 먼저 매물을 확인하고 오기 때문에 보고 싶은 물건을 콕 짚어서 보여 달라고 요청하는 경우가 많다.

반드시 체크해야 하는 자금과 세금

의외로 많은 사람이 자신이 동원할 수 있는 돈을 꼼꼼하게 계산하지 않는다. 부동산 거래를 하다가 돈을 날리는 경우 대부분 자금 융통 문제가 원인이다. 계약금을 입금한 상태에서 갑자기 자금 조달이 안 되면 급하게 다른 곳에서 자금을 융통해야 한다. 그 자체로 피가 마른다.

최악은 계약을 취소해야 하는 상황이다. 물론 매도인이 마음 좋은 사람이라면 돈을 돌려주기도 한다. 위약금 명목으로 일부를 공제하고 나머지만 돌려주는 사람도 있다. 아쉽겠지만 그나마 다행스러운 경우다. 보통 부동산 거래는 단 하나의 계약으로 끝나지 않는다. 매도인도 또 다른 집으로 이사를 가야 한다. 다른 집의 매도인도 또 다른 곳과 계약되어 있다. 여러 개의 거래가 얽혀 있는 것이다. 한 군데에서라도 계약 이행이 안 되면 골치가 아파진다. 필자가 소장님에게 들은 바로는 계약금 1억 7,000만 원 중 한 푼도 돌려받지 못한 매수인도 있었다.

이에 자금 조달에 문제가 생길 수 있는 세 가지 사례를 소개하려고 한다. 매매 계약을 체결하기 전에 반드시 확인하도록 하자.

• 대출

비조정지역이라면 집값(KB 시세) 대비 최대 70퍼센트까지 대출이 나온다. 그런데 대출은 보통 계약서를 쓰고 신청한다. 이미 계약금이 들어간 상태에서 계약서를 갖고 은행에 간다. 하지만 만약 신용 대출이 있다면 DSR(총부채원리금상환비율) 40퍼센트 규제에 걸려서 집값의 70퍼센트까지 대출받지 못할 수도 있다. DSR은 연간 소득을 기준으로 한 대출 원리금 상환 비율로 주택담보대출, 전세자금대출, 신용대출, 자동차 할부 등 개인이 받은 모든 대출을 포함하여 계산한다. 30년 이상으로 원리금을 나누는 주택담보대출과는 달리 신용대출은 보통 10년을 기준으로 원리금 상환액을 계산한다. 신용대출이 많으면 추가 주택담보대출이 원하는 만큼 나오지 않을 가능성이 커진다. 그나마 여력보다 적게 대출하려고 했다면 다행이지만, 대출을 한도까지 쓰려던 사람은 어려움에 빠지게 된다.

대출과 관련해서 세심하게 확인해 주는 소장님이 있는 반면, 아닌 소장님도 있다. 또한 대출을 많이 받아야 하는 상황이라면 소장님과 의논했다고 하더라도 반드시 은행에서 대출 상담을 받고 계약금을 입금하는 것이 좋다.

● 세금

세금 문제는 주로 양도세와 취득세에서 발생한다. 양도세 비과세인 줄 알고 매도했는데 과세가 되는 경우, 취득세 일반과세인 줄 알았는데 중과되는 경우가 많다. 주거형 오피스텔이나 상속 주택, 일부 지분 보유 등 세금과 관련하여 조금이라도 애매한 부분이 있다면 반드시 사전에 세무 상담을 끝내고 부동산 매매를 결정해야 한다.

세무 상담이 귀찮고 비용이 들어간다고 대충 넘어가서는 안 된다. 인터넷에서 찾아보거나 지인에게 들은 것이 확실하다고 믿어서도 안 된다. 그들에게는 세금 부과와 관련한 아무런 책임이 없다. 전화 연결은 잘 안되지만 양도세는 국세청 콜센터(국번 없이 126)에, 취득세는 각 구청 세무과에 확인해 보는 방법도 있다. 세금은 꼭 크로스 체크를 해야 한다.

많은 사람이 주식이나 코인처럼 다른 투자 자산에 들어 있는, 자기 수중에 없는 돈을 동원할 수 있는 금액으로 여긴다. 투자 자산에 들어 있는 돈은 당신이 동원할 수 있는 실제 금액이 아니다. 자산 가격은 지금 이 순간에도 변동되고 있기 때문이다. 그럼에도 어떤 사람들은 중도금, 잔금 직전까지 투자처에서 돈을 빼지 않는다. 그사이에 오를 것 같아서. 필자는 반대로 그사이에 내리면 어떻게 하냐고 묻고 싶다. 부동산 매수를 결정한 순간 필요한 돈은 모두 현금화해야 한다.

갈아타기 할 때 선 매수, 후 매도하는 것도 자산에 돈이 묶여 있는 경우에 해당한다. 갈아탈 집을 먼저 매수했는데, 내 집이 원하는 가격에 매도되지 않을 수도 있다. 따라서 사정상 선 매수, 후 매도를 할 때는 정말 좋은 가격에 매수해야 한다. 내 집이 안 팔릴 때 가격을 낮춰서 급매로라도 처분할 수 있는 여력을 남겨 두어야 한다. 내 집을 고가에 팔아야 갈아타기가 가능한 상황이라면 선 매수, 후 매도는 하지 않는 것이 좋다.

집 보여 주기

이제 소장님은 매수인(임차인)의 조건에 맞는 매물을 추렸다. 매도인(기존 임차인)과 집 볼 시간 약속을 잡는다. 최근에는 맞벌이를 많이 해서 집이 비어 있는 경우가 많다. 앞서 이야기했듯이 기존에 살던 임차인은 집을 잘 보여 주려 하지 않는다. 당일에 무작정 부동산을 방문했을 때 집을 보기가 어려운 이유다. 시간도 귀중한 자원이다. **매수인(임차인) 입장에서는 미리 부동산에 전화해서 방문 예약을 해야 헛걸음할 확률이 줄어든다.**

소장님은 집을 보러 다니면서 매수인(임차인)의 반응을 주의 깊게 살핀다. 노련한 투자자는 처음부터 자신의 요구 사항을 명확하게 제시한다. 이를테면 '15층 이상, 방 세 개, 특올수리, 6억 원 이하면 매수하겠다'고 말이다. 그런데 부동산 거래를 몇 번 해 보지 않은 부린이는 자신의 요구 사항 자체를 구체적으로 나열하기가 힘들다.

의외로 자신이 필요한 것을 명확하게 정리해서 오는 매수인은 많지 않다. 집을 보면서 말이 조금씩 바뀌기도 한다. 그러다 보니 소장님은 매수인(임차인)이 일관적으로 강조하는 점이나 새롭게 요구하는 사항을 잘 듣고 기억해 둔 다음, 집을 다 보고 나서 어떤 매물을 적극적으로 권해야 할지 고민한다.

소장님은 계약을 성사시키기 위해 다양한 노력을 한다. 일을 잘하는 일부 소장님은 확보한 물건이 거래된 사실을 알게 되면 꼭 매도인에게 전화를 걸어 확인한다. 한 동네에서 영업하는 소장님들끼리는 서로 경쟁자다. 모두 친한 것은 아니다. 따라서 소장님도 실거래가가 등록되기 전에는 정확한 거래 금액을 알 수 없다. 만약 특정 매물이 얼마에 거래되었는지 확인할 수 있다면, 현재 매수인들의 매수세를 가늠하기 쉬워진다. 또한 해당 거래 사례를 바탕으로 다른 손님들에게 브리핑하기도 편하다.

매수인

소장님, 직전 실거래가를 4억 8,000만 원으로 알고 왔는데요?

손님, 아직 실거래가 등록은 안 되었는데… 지난주 같은 라인 매물이 5억 원에 거래되었어요. 동네에 소문나서 집주인분들이 호가를 올리고 있어요.

소장님

호가를 높게 내놓은 매도인에게는 가격을 내려야 하는 근거로, 매수 희망가가 낮은 매수인에게는 조금 더 돈을 쓰도록 하는 근거로 제시하는 것이다.

세부 조건 협의 및 가계약

매수인(임차인)이 특정 매물을 계약하려고 하는 단계다. 소장님은 권리 사항 등에 변동이 없는지 다시 한번 등기부등본을 떼어 확인한다. 매도인(임대인)에게 문자로 신분증을 받아서 등기부등본상 명의자가 맞는지도 비교한다.

이상이 없다면 세부 조건을 조율한다. 가장 중요한 것은 가격이다. 그다음으로 매매는 가계약금, 계약금, 중도금, 계약일, 이사 및 잔금 날짜, 하자 처리 등을 협의한다. 전세는 계약일, 이사 날짜, 벽걸이 TV, 반려동물 가능 여부 등이 주요 조율 과제다.

세부 조건 조율을 끝냈다면 매도인(임대인)과 매수인(임차인)에게 조건을 적은 문자를 보낸다. 양쪽의 계약 당사자들은 문자 내용이 합의 내용과 같은지 확인한다. 이상이 없다면 확인했다는 답장을 소장님에게 보낸다. 매수인(임차인)이 매도인(임대인)에게 가계약금을 입금하면 가계약이 성립한다.

▷ 가계약 문자 예시

302호매매가 3억5백만원.
계약금일부 2천만원 입금완료.
1.매도인,매수인은 계약형성됨을 인지함.매도인이 계약해제시 입금된 계약금두배 배상,매수인이 계약 해제시 입금된 계약금 포기 함을 인지함.
2. 현전세 2억5천만원 승계조건.
3.계약일 5월8일 오전11시30분.
신분증,도장,매도인께서는 전세 계약서 원본 지참하시고 ▨▨ 부동산에서 뵙겠습니다.
4.매도인,매수인께서는 문자 읽으시고 답변 주십시요.~^^

제목없음
◆ 매매 ◆
■
■ 매매금액 ; 3억5천만원
■ 계약일 ; 다음주중 협의
■ 주인전세거주 2억5천만원
■ 전세보증보험 가입비 드림
■ 잔금 7월둘째주
■ 계약기간 ; 2년
*융자 없는 조건.

농협

가계약 문자에는 반드시 가계약금이 위약금 배상에 활용된다는 문구가 들어가는데, 이를 배액배상이라고 한다. 매수인 혹은 매도인이 가계약금 입금 후 일방적으로 거래를 파기하면 지불한 금액의 배액을 배상해야 한다는 내용이다. 민법상 가계약에 대한 명확한 규정이 없기 때문에 만일의 분쟁에 대비하기 위해서 활용된다(우측 문자는 아래 관련 내용이 잘린 상태다). 혹시라도 가계약 문자를 받았는데 이러한 내용이 없다면, 답변하기 전 소장님에게 문구 삽입을 요청하라.

부동산을 매수할 때 가계약금을 조금만 넣는 사람들이 있다. 상대방을 믿지 못해서, 자기 마음이 바뀔까 봐, 혹은 확신이 없어서 그렇다. 하지만 인간은 비교의 동물이다. 늘 상대적으로 생각한다. 100만~200만 원은 월급 기준으로는 큰 금액이지만, 몇억 원짜리 부동산 거래에서는 크지 않은 액수다. 매도인은 늘 제값을 받고 팔았는지 불안하다. 본계약 전까지 500만 원이라도 높여서 팔 수 있을 것 같으면 계약을 해지하고 싶은 유혹에 빠진다. 매도인이 그런 유혹에 빠지지 않도록 미리 배려(?)하는 것이 좋다. 가계약 후 본계약서 작성까지의 기간도 줄이면 줄일수록 좋다.

특히 사려는 사람이 많은 시기에는 가계약금을 많이 넣어라(다만 사는 사람끼리 경쟁하는 시장에서의 매수는 추천하지 않는다). 매도인이 배액배상을 생각하지 못할 정도로 보내는 것이 좋다. 순식간에 집값이 몇천만 원 뛰는 것을 지켜본다면 가계약금 100만~200만 원 돌려주는 것쯤이야. 100만~200만 원을 넣었다면 얼마 안 가서 두 배가 되어 그대로 돌아올 것이다. 공짜 돈 생겼으니 좋은 것 아니냐고? 애쓰게 가계약금 넣고 겨우 한시름 놓나 싶었는데 계약을 취소한단다. 그사이 다른 매물도 다 사라졌다. 그 허무함은 말로 표현할 수 없다.

한편 조금 더 확실하게 상대 거래 당사자가 계약을 해지 못하도록 하는 방법이 있다. 처음부터 가계약 대신 계약을 하는 것이다. 계약서를 쓰지 않고 문자로도 계약을 진행할 수 있다. **사전에 소장님과 협의하여 물건지 주소, 계약금, 중도금, 잔금 일정과 금액을 문자에 기재하도록 하라. 매도인과 매수인이 모두 동의한다는 문자를 소장님에게 보내면 판례상 가계약이 아니라 본계약으로 본다.** 그럼 가계약금이라는 단어는 '계약금 일부'라는 말로 바뀐다. 계약금 일부만 입금해도 본계약금 전체가 위약금으로 인정된다. 이 경우 매도인이 배액배상 하려면 계약금 일부의 두 배가 아닌, 본계약금의 두 배를 배상해야 하는 것이다.

매도인이 계약을 포기할 경우 순식간에 수천만 원을 지불해야 하는 상황에 처하기 때문에 부담스러워진다. 매도인이 배액배상을 결정하더라도 매수인 입장에서는 나쁘지 않다. 수천만 원은 단기간 들인 노력에 비해 큰 성과라고 할 수 있기 때문이다(기타 소득세로 지방세 포함 22퍼센트를 공제한다).

필자는 처음부터 계약에 준하는 문자를 주고받는 것을 선호한다. 가계약은 계약하겠다는 의사 표시만 하는 것이기 때문에 불확실성이 커질 수 있다. 적당히 가계약했다가 계약하는 자리에서 중도금, 잔금 등의 세부 조율이 안 되면 골치 아픈 일이 생길 수도 있다.

가계약(혹은 계약)이 완료되면 소장님은 매도인(임대인), 매수인(임차인)과 계약서 작성과 관련하여 약속 시간을 조율하고 준비물을 안내한다.

계약서 작성

소장님은 계약일이 가까워지면 매도인(임대인), 매수인(임차인)에게 약속 시간 및 자금 준비 내역과 관련하여 확인 문자를 보낸다.

구분	매도인	매수인
준비 서류	신분증, 인감도장, 등기권리증, 임대 계약서 원본 (임차인이 있는 경우)	신분증, 인감도장(막도장 가능)

계약서는 계약 전에 미리 작성해 놓는다. 계약 당일에 계약서를 작성하려면 시간이 오래 걸린다. 생각하지 못한 실수가 생길 수도 있다. 이에 따라 미리 주소, 주민등록번호, 이름 등을 파악한다. 계약일에는 매도인과 매수인 양쪽 확인 후, 때로는 약간의 수정을 거쳐 도장을 찍는다.

계약서는 법으로 정한 약관을 기초로 작성된다. 일반적인 내용은 동일하므로 매도인과 매수인은 특히 물건지 주소, 계약 및 잔금 일정, 금액, 이름, 주민등록번호, 주소 등을 집중적으로 확인해야 한다.

계약에서 항상 기억해야 할 것은 소장님도 사람이라는 점이다. 절차를 빠뜨릴 수도 있고 실수할 수도 있다. 날짜, 금액, 주민등록번호 등을 잘못 기재할 수도 있다. 계약 당사자가 직접 확인하고 틀린 곳이 있다면 정정 요구를 해야 한다. 잘못 쓰면 적색 볼펜으로 두 줄을 긋고 정정해서 기재한 다음, 쌍방 날인하면 된다. 대부분의 경우 계약서를 다시 출력하는 편이다. 만약 매도인, 매수인, 소장님이 모두 틀린 곳을 놓친다면 나중에 애매한 상황이 발생할 수 있다. 내 재산이 걸린 만큼 '소장님이 알아서 했겠지'라고 생각하면 안 된다. 반드시 꼼꼼하게 확인해야 한다.

특약도 중요하다. **계약은 약관에 따르지만 민법에서는 개인 간의 합의를 중요하게 생각한다. 따라서 특약으로 합의한 경우 약관보다 우선한다.** 일반적으로 들어가는 특약 사항은 미리 집어넣는데, 소장님에 따라 주로 활용하는 특약 내용은 조금씩 다르다. 약관에 따르는 내용이더라도 강조하기 위해 일부러 한 번 더 넣기도 한다. 매매 당사자 간 무언가 합의했다면 반드시 특약에 넣어야 한다. 모든 합의는 문서에 근거를 남겨 놓아야 뒤탈이 없다.

대부분의 사람이 계약서를 계약 당일에 처음 확인한다. 당신의 거래 상대도 그럴 것이다. 이득을 보려면 당신만은 달라야 한다. 계약일

전에 소장님에게 따로 계약서 초안을 달라고 요청하라. 계약 전 먼저 검토하라. 소장님과 상의하라. 나에게 불리한 특약 문구가 있다면 삭제해 달라고 하라. 나에게 유리한 특약 문구를 넣고 싶다면 미리 집어 넣어 달라고 하라.

계약일에 상대방 앞에서 갑자기 특약을 넣자고, 혹은 빼자고 해 보자. 순순히 응해 줄 수도 있다. 하지만 부동산 계약에서는 큰돈이 오간다. 자칫 잘못 판단하면 재산상 손해를 볼 수 있다. 계약 당사자는 서로 예민한 상태다. 방어적으로 대응하게 된다. 상대가 순순히 응해 준다고 하더라도 문제는 발생한다. 힘없는 인간이 지금까지 살아남을 수 있었던 이유는 동물과는 달리 상호 호혜의 원칙에 따라 협력했기 때문이다. 이는 인간 사회의 오랜 전통이자 불문율이다. 우리는 어릴 때부터 받은 만큼 돌려주라고 교육받았다. 받기만 하면 왠지 빚을 지는 느낌이 든다. 그럼 상대가 다른 요구를 했을 때 나도 양보할 수밖에 없다.

반면에 이미 계약서에 인쇄된 특약을 본다면? 특별히 불리한 조건이 아닌 이상 거래 상대는 의문을 제기하지 않는다. 계약서는 정통성이 있는 문서다. 도장을 찍지 않았더라도 마치 모두가 합의한 내용이 들어 있는 것 같은 착각을 일으킨다. 심리적으로 계약서에 있는 내용을 거부하기가 어렵다. 물론 상대방이 의문을 제기할 수는 있다. 하지만 소장님과 상의했다면 어떻게 풀어갈지 미리 준비할 수 있다. 나에게 유리하게 계약을 체결할 수 있는 것이다.

다음으로 소장님은 등기부등본, 건축물대장, 토지이용계획확인원, 토지 대장 등을 다시 떼어 물건의 진위를 확인하고 권리 변동 내역이 있는지 검토한다. 그리고 매도인과 매수인에게 최종 확인된 계약서 내용을 읽어 준다. 나머지 서류에 관해서도 설명한다.

부동산 거래에서 대부분의 매수인, 혹은 임차인은 대출을 받는다. 소유권이전등기(등기부등본상 명의를 가져오는 행위)를 하려면 법무사도 필요하다. 이때 소장님은 대출 상담사와 법무사를 소개해 주기도 한다.

거래가액이 6억 원이 넘거나 규제지역 내 부동산을 매매할 때는 계약일로부터 30일 이내에 매수인이 자금조달계획서를 해당 시·군·구청에 제출해야 한다. 일반적으로 매수인이 작성하고 소장님이 대리로 제출한다.

계약서는 쓰고 나면 끝

계약서 작성에 대해서 다시 한번 짚고 넘어가려고 한다. 그만큼 중요한 부분이기 때문이다. 당신은 보험에 가입해 본 적이 있는가? 보험 계약을 체결할 때는 읽어야 할 것이 많다. 하지만 계약과 관련한 주요 내용을 모두 정독하기는 어렵다. 보험 설계사의 설명에만 귀를 기울인다. 그저 설계사가 알아서 잘해 줬을 거라며 믿고 서명한다.

지금 당장은 서로 행복하다. 나는 마음이 든든해서, 설계사는 실적을 올려서 좋다. 문제는 나중에 발생한다. 아파서 보험금을 청구하면 그 부분은 보장받지 못한다고 한다. 보험을 중간에 해약하려고 보니 엄청나게 큰 수수료를 지불해야 할 때도 있다. 모두 계약할 때는 몰랐던 것이다. 아니, 더 정확하게는 계약할 때 내가 신경 쓰지 않았던 것이다.

이런 상황에서 책임은 누가 지는가? 보험 설계사? 아니다. 전적으로 내가 감당해야 한다. 계약서에 서명한 순간 끝이다. 모든 책임은 내가 진다. 계약서에 명시된 대로.

부동산 계약도 마찬가지다. 계약 경험이 많지 않은 초보는 계약서 작성을 중요하게 생각하지 않는다. 소장님이 알아서 잘 써 주겠거니 생각하고 만다. 맞다. 계약서 작성은 머리 아픈 일이다. 무슨 말인지 이해가 잘 안되는 부분도, 조율해야 할 부분도 많다. 하지만 처음에 머리를 쓰지 않으면 나중에 머리를 써야 하는 문제가 생긴다. 더 아프게.

나에게 아쉬운 부분은 반드시 계약서에 집어넣어야 한다. 잔금 일정이 정해지지 않아서 추후 변경해야 한다면? 매도인이 이사 나가기 전에 미리 수리해야 한다면? 수리 견적을 내려고 따로 집을 방문해야 한다면? 모두 나에게 아쉬운 부분이다. 특약으로 넣어라. 혹시나 소장님이 그때 가서 협의하면 된다고, 계약서에 빨리 사인하라고 해도 어떻게든 넣어라. 말은 힘이 없다. 우리가 믿고 의지할 수 있는 것은 오직 계약서에 적힌 글자뿐이다.

계약서를 무시하면 나중에 힘든 일이 생긴다. 거래 상대방에게 아쉬운 소리를 해야 한다. 아쉬운 소리가 통하지 않으면, 합의금으로 풀어야 하는 상황이 온다. 아무것도 못하고 모든 피해를 내가 떠안아야 할 수도 있다. 상대방이 계약서대로 하자고 하면 나는 할 말이 없다.

무엇이든 당연하다는 생각을 버려라. 당신이 투자용으로 아파트를 매수했다고 가정해 보자. 보통 투자를 할 때는 전세금을 레버리지leverage(지렛대, 전세 및 대출 등을 활용해 내가 할 수 있는 일보다 더 큰 일을 하는 것) 삼아 집을 산다. 가령 집값이 3억 원이면 내가 1억 원을 준비하고, 나머지 2억 원은 잔금일에 입주할 임차인이 제공해 주는 식이다. 그런데 요즘 전세자금대출을 받지 않는 임차인은 거의 없다. 전세자금대출을 받으려면 임대인의 협조가 필요하다.

문제는 잔금일에 대출을 실행하려면 당신이 소유권이전등기를 하기 전 대출 신청을 해야 한다는 것이다. 아직 명의는 현재 집주인, 즉 매도인 이름으로 되어 있다. 은행 입장에서는 매도인이 집주인이다. 대출에 관해 매도인에게 허락을 구한다. 당신이 투자용으로 집을 매수했다는 것을 알고 있으니 매도인이 당연히 협조해 줄 것이라고 생각하는가? 잘못된 생각이다. 매도인 마음이다. 매도인이 불편하다고 생각하면 협조해 주지 않을 수도 있다. 당신은 당황할 것이다. 투자하려고 주택을 매수했는데, 집을 판 매도인이 전세 대출을 허락해 주지 않는다니.

물론 대부분의 매도인은 사정을 봐준다. 하지만 우리는 늘 최악의 상황에 대비해야 한다. 계약 이행 과정 내내 웃을 수 있도록, 아쉬운 소리를 하지 않을 수 있도록 작은 것부터 꼼꼼하게 계약서에 집어넣자.

특약 사항 예시

1. 매수인의 분양 아파트 입주일 일정 변경에 따라 한 달 이내로 잔금일을 변경할 수 있다.

2. 매도인은 잔금일 이전 실내 인테리어(싱크대, 화장실) 공사에 협조한다.

3. 매도인은 잔금일 이전 매수인이 임차인을 맞출 수 있도록 협조하며, 임차인이 전세자금대출을 요청할 경우 수락하기로 한다.

인생에는 총량 법칙이 존재한다. 무엇이든 시점의 문제지 인생에서 해야 하는 총량은 결국 같다는 뜻이다. 한 예로 고통 총량의 법칙이라는 것이 있다. 건강한 삶을 살아가기 위해서 운동은 필수다. 운동을 하는 것은 힘들다. 고통스럽다. 대신 일단 고통을 견뎌 내면 건강하게 살 수 있다. 당장의 고통을 감내함으로써 나중의 더 큰 고통을 줄일 수 있는 것이다.

반면에 고통을 이겨 내지 못하고 운동을 포기한다면? 편하게 소파와 침대에 누워만 있다면? 시간이 지나면서 생활 습관으로 인한 각종 성인병과 근력 부족으로 인한 디스크, 관절염에 시달리게 된다. 젊었을 때 하루하루 나눌 수 있었던 고통을 나이가 들어 한 번에 겪어야 하는 것이다. 이왕이면 초반에 조금 더 신경을 쓰자. 신경 쓴 만큼 계약 이행 과정 후반부의 스트레스가 줄어든다.

중도금 입금

앞서 언급했듯이 중도금에 관한 내용은 가계약 전에 미리 협의하는 것이 좋다. 하지만 매도인이 중도금 조건을 미리 걸지 않는 이상 계약일에 협의하는 경우도 많다. 매도인에게 특별한 사정이 있지 않다면 소장님이 주도해서 금액과 날짜를 정하는 편이다. 매매 금액이 많지 않거나 잔금일이 빠른 경우, 혹은 양측이 합의하면 생략하기도 한다.

많은 사람이 중도금을 단순하게 생각한다. 거래 중간에 주는 돈이라고만 여긴다. 하지만 중도금은 거래에서 매우 중요한 역할을 한다. 중도금을 입금하기 전까지는 매도인과 매수인 중 한쪽에서 계약금을 배액배상하면 일방적으로 거래를 파기할 수 있다.

반면에 **중도금이 입금되면 쌍방 합의가 아닌 일방의 요구에 의한 계약 파기는 불가능하다.** 합의한 중도금이 비교적 소액이라 할지라도 마찬가지다.

상대가 거래를 깨는 것이 두렵다면 중도금은 가능한 이른 날짜에 지불할 수 있도록 소장님과 협의해야 한다.

소장님 사장님, 매수인분이 여윳돈을 통장에 넣어 두니 불안하다 네요. 오늘 계약하면서 바로 중도금도 함께 입금할 수 있 다는데 괜찮으시죠?

네, 먼저 주시면 좋긴 한데…….
(다들 늦게 주려고 하던데…….)

매도인

시장이 뜨거워지면 매수인은 계약 파기를 우려한다. 합의된 입금 날짜를 앞당겨 중도금을 넣고 싶어 한다. 지정된 일자 전에 중도금을 입금하는 것도 효력이 있다는 판례도 있다. 하지만 협의 없이 돈을 입금하는 순간 아무 생각 없던 매도인을 자극할 수 있다. 법적 다툼까지 갈 수도 있다. 굳이 정신적·시간적 소모를 할 필요가 없다. 모든 상황에 대한 준비는 계약서를 쓰기 전에 미리 계획해야 한다.

한편, 소장님은 중도금 입금일이 다가올 때도 매수인이 잊지 않도록 중도금 날짜와 금액을 문자로 보낸다.

잔금 처리

소장님은 잔금 처리일 전에 매도인, 매수인에게 소유권이전등기 관련 서류를 안내한다. 대출을 받는 경우에는 대출 서류에 관해서도 안내한다. 그리고 아파트 관리소에 관리비 및 선수관리비(아파트 신축 후 입주하는 소유자에게 1~2개월 치 관리금을 미리 걷는 것) 정산 서류를 요청해서 받는다.

구분	매도인	매수인
준비 서류	계약서, 등기권리증, 부동산 매도용 인감증명서, 초본, 신분증	계약서, 등본, 인감도장(막도장 가능), 가족관계증명서, 신분증

잔금 처리 당일에는 매도인, 매수인, 법무사가 모인다. 법무사는 소유권이전등기 관련 서류를 확인한다. 이상이 없으면 매수인이 매도인에게 잔금을 이체한다. 이어서 매도인이 이사 전까지 정산된 관리비를 매수인에게 이체한다. 매수인은 선수관리비를 매도인에게 이체한다. 보통은 상계 처리를 한다(예: 정산 관리비 - 선수관리비 = 10만 원, 매도인이 매수인에게 10만 원만 이체). 소장님은 각종 입주 물품(음식물 쓰레기 카드, 카드키, 시스템 에어컨 리모컨 등)을 확인하고, 매수인과 함께 하자 체크를 한다.

A/S

　매수인이 입주 후에 추가로 하자를 발견하면 소장님에게 연락한다. 능력 있고 적극적인 소장님은 이런 상황을 잘 해결한다. 소장님 선에서 마무리할 수 있는 일은 직접 처리하고, 누수 등의 중대한 하자로 매도인과 상의해야 할 때는 중간에서 조율한다. 가끔 소극적인 소장님은 좋은 게 좋은 거라고 문제를 만들지 않으려고만 한다. 계약 전까지는 적극적으로 나서다가 중개비를 받고 나서는 한 발 빼는 소장님도 있다. 소장님에게 적극적으로 문제 해결 혹은 중재를 요구하는 것은 소비자의 권리다.

소장님의 이익, 핵심은 중개 수수료

자본주의 사회에서 우리는 돈을 벌기 위해 일한다. 자아실현과 사회 공헌의 목적도 있지만, 제일의 목표가 돈이라는 점을 부정할 수는 없다. 부동산 소장님도 마찬가지다. 소장님은 돈을 벌기 위해 부동산 중개를 한다. 이 사실이 가장 기본이 되는 아이디어다. 어떤 생각을 하든지 기본에서 출발해야 한다.

$$소장님의 소득 = 중개 수수료 + \alpha$$

소장님의 주 수입원은 매도인과 매수인, 임대인과 임차인 간 부동산 계약을 중개하고 받는 수수료다. 소장님은 돈을 벌기 위해 '계약'을 성사시켜야 한다. 계약을 성사시키지 못하면 소장님은 돈을 벌 수 없다. 돈을 벌지 못하면 사무실 임대료를 못 낸다. 실장님 월급도 못 준다. 각종 공과금도 밀리고, 이익을 얻지도 못한다. 사업을 접어야 한다. 잊지 말자. 소장님의 최대 관심사는 계약 성사를 통한 중개 수 수료라는 것을.

플러스알파는 중개를 통해 간접적으로 얻는 수입을 뜻한다. 크게 두 가지로 나뉜다.

첫째, 법정 중개 수수료 이외의 추가 수수료다. 이따금 매수인이 좋 은 매물을 소개받으려 하거나, 매도인(임대인)이 자신의 매물을 빨리 처리하려고 할 때 소장님에게 추가 수수료를 약속한다. 법정 중개 수 수료에 포함되지 않는, 일종의 보너스다. 미리 약속하지 않았더라도 거래 과정에서 소장님에게 도움을 받았다면 감사의 표시로 돈을 더 줄 수도 있다.

법으로 상한 수수료가 정해져 있는 만큼 추가 수수료에 대해서는 과태료 처분을 받을 수 있다. 소장님은 중개 수수료 이외의 돈을 계좌 로 받으면 컨설팅 비용으로 처리한다. 원래 컨설팅 비용은 손님에게 부동산 상담을 해 주고 받는 수수료인데, 우리나라에서는 제 역할을 하지 못하는 항목이다. 대부분 상담은 부동산 중개에 당연히 포함된 다고 생각하기 때문이다. 단지 추가 수수료를 처리하는 용도로 활용 되고 있다.

둘째, 손님에게 부동산 거래와 관련된 부가 서비스를 소개하고 받 는 소개비다. 결혼식 3대 준비를 스드메(스냅 사진, 드레스, 메이크업)라고 한다. 필자는 결혼할 때 웨딩 플래너를 통해서 스드메 계약을 했다. 그런데 플래너가 돈을 전혀 받지 않았다. 당시에는 이해가 안 갔다. 이 사람은 어떻게 돈을 버는 거지? 알고 보니 플래너는 손님이 아닌 업체에서 수수료를 받는 구조였다. 다시 말해 필자가 업체에 낸 비용에 플래너의 수수료가 녹아 있던 것이다.

부동산 거래를 할 때 매수인은 소유권이전등기를 해야 한다. 대출은행을 알아보기도 한다. 개인이 스스로 처리할 수도 있지만, 대부분 법무사나 대출 상담사를 활용한다. 이때 소장님이 매수인에게 소개해 줄 수 있다. 소장님은 법무사와 상담사의 연락처를 준비해 놓는다. 사실 법무사와 대출 상담사가 사전에 소장님에게 영업해 놓는 경우가 대부분이다.

법무사와 대출 상담사가 사전에 '영업'을 한다는 것은 소개비라 불리는 2차 수수료가 붙을 수 있다는 의미다. 사람에 따라 손님을 소개해 주고 소개비를 받는 행위를 비판적으로 볼 수도 있다. 필자는 자본주의에서 각자 이윤을 추구하는 것은 자연스러운 현상이라고 본다. 범법 행위가 아니라면 말이다.

우리도 소개팅을 주선해서 잘되면 옷 한 벌을 얻어 입는다. 지인에게 도움받았을 때 선물이나 현금으로 감사 인사를 하기도 한다. 법무사나 대출 상담사도 소장님이 손님을 소개해 줘야 이익을 얻는다. 그에 대한 사례를 하는 것뿐이다.

장점도 있다. 자본주의에서 시간은 돈이다. 이렇게 소개를 받으면 일정 조율이나 절차에 관해 특별히 신경 쓸 필요도, 귀찮게 따로 법무사와 대출 상담사를 섭외할 필요도 없다. 게다가 소장님이 소개한 법무사와 대출 상담사는 오랫동안 함께 일해 왔을 가능성이 크다. 이미 서로의 스타일을 잘 알고 있어서 업무 처리의 효율성이 높다.

문제가 없는 것은 아니다. 소개비가 매수인에게 전가되기 쉽다. 법무사는 자기 몫을 떼어 소개비로 쓰지 않는다. 매수인에게 더 비싼 수수료를 받아 비용(소개비)을 충당한다. 때때로 일부 소장님은 소개의 수준을 넘어 매수인에게 부담스럽게 권하기도 한다. 물론 이러한 문제를 현명하게 처리하는 방법이 있다. 뒷부분에서 알아보도록 하겠다.

부동산 거래와 관련된 서비스에는 또 무엇이 있을까? 인테리어 업체, 이사 업체, 청소 업체 등이 있다. 매수인(임차인)은 해당 지역에 대해 잘 모른다. 자연스럽게 소장님에게 지역에서 잘하는 업체를 물어보고는 한다.

소장님, 이사 전에 수리하려고 하는데 혹시 잘하는 인테리어 업체 소개받을 수 있을까요?

소장님, 청소 업체 괜찮은 곳 추천 좀 해 주세요.

다만 이런 기타 서비스 업체들은 깔끔하게 일이 처리되는 법무사, 대출 상담사와는 결이 다르다. 법무사나 대출 상담사가 일 처리를 잘 못했다고 항의하는 손님은 거의 없다. 업무 자체가 단순한 편이기 때문이다. 하지만 기타 서비스 업체들의 만족도는 천차만별이다. 잘못 소개해 주면, 책임은 소장님에게 돌아온다. 동네 장사를 하는 소장님은 나쁜 평판이 두렵다. 손님이 물어봐도 업체 소개를 꺼리기도 한다.

지금까지 소장님이 얻을 수 있는 플러스알파 수익을 살펴보았다. 하지만 당신이 반드시 알아야 할 중요한 사실이 있다. **애초에 계약이 성사되지 않는다면 플러스알파 수익은 발생하지 않는다는 것이다.** 플러스알파 수익은 결국 후순위 조건일 뿐이다. 많은 사람이 추가 중개 수수료를 만능키라고 생각한다. 추가 중개 수수료를 제안하면 무조건 내 집이 가장 먼저 브리핑 되고, 시장가 대비 비싼 가격이더라도 팔릴 것이라고 오해한다. 나에게 가장 먼저 급매 연락이 올 거라고 믿는다.

그러나 자본주의는 냉정하다. 요즘 웬만한 정보는 모두 온라인에 공개되어 있다. 시장가 대비 비싼 가격의 매물은 선택받지 못한다. 소장님은 이 구조를 명확하게 이해하고 있다. **받을 수 있을지 없을지 모르는 추가 수익보다 확실히 받을 수 있는 기본 수수료를 선호한다.**

망둥이

소장님, 중개 수수료는 두 배로 드릴게요. 시장 상황이 좋지 않지만, 제 물건 먼저 빼 주시면 감사하겠습니다.

사장님, 저는 법정 중개비만 받을게요. 차라리 그 돈으로 가격 조정을 조금 더 해 주세요. 그래야 제가 브리핑하기가 쉬워져요.

소장님

망둥이

그럼 가격을 조금 더 내리고, 수수료도 따로 조금 챙겨 드릴게요.

빠른 매도를 위해 수수료를 더 드리겠다고 했는데, 수수료는 그대로 받을 테니 차라리 가격을 깎아 달라는 소장님도 있었다. 거래 불가능한 금액으로 매물을 내놓으면서 추가 수수료를 약속하는 것보다 경쟁력 있는 가격의 매물을 내놓는 것이 훨씬 낫다는 의미다.

추가 수수료가 의미를 가지려면 기본적으로 당신의 매물이 타 매물 대비 가격 경쟁력을 갖춰야 한다. 가격을 싸게 내놓았는데 추가 중개 수수료까지 약속한다면? 비로소 추가 중개비의 의미가 생긴다. 소장님의 소개 목록 1순위에 올라간다. 손님이 왔을 때 당신의 매물이 가장 먼저 브리핑 될 가능성이 높아지는 것이다.

한편, 추가 수수료를 받지 않더라도 소장님 입장에서는 두 배의 수익을 올릴 방법이 있다. 단독 중개를 하는 것이다.

단독 중개와 공동 중개

소장님은 단독 중개와 공동 중개 두 가지 방법으로 부동산 중개를 한다. **단독 중개란 매도인과 매수인**(혹은 임대인과 임차인)**이 소장님 한 명을 통해 거래하는 것이다.** 매도인이 특정 소장님에게 매도 의뢰를 하고, 매수인이 매물을 가진 소장님에게 와서 해당 매물을 매수하는 상황을 말한다. 다시 말해, 매수인이 부동산에 찾아와 소장님이 확보한 매물을 짚어 계약하면 단독 중개다.

공동 중개는 매물을 확보한 소장님과 매수인을 데려온 소장님이 서로 다른 경우를 말한다. A 소장님에게는 매도인이 의뢰하고, B 소장님에게는 매수인이 의뢰했다고 가정해 보자. 만약 A, B 소장님이 단독 중개를 고집한다면 거래는 일어나지 않을 것이다.

소장님은 공동 전산망을 활용하여 지역의 다른 부동산과 매물을 공유한다. 매물을 가진 소장님과 매수인을 데려올 수 있는 소장님이 거래를 만들기 위해 협력하는 것이다. 공동 중개인지 구분하는 방법은 간단하다. 집을 보러 갈 때 혹은 계약서를 쓸 때 소장님 한 분이 모든 것을 주관한다면 단독 중개, 소장님 두 분이 함께 온다면 공동 중개다. 물론 소장님에게 미리 확인해도 된다.

소장님 입장에서는 단독 중개를 할 때 신경 쓸 것이 더 많다. 매도인과 매수인 양쪽 입장에 모두 귀 기울이고 미묘한 상황을 혼자서 조율해야 한다. 매수인을 두둔하면 매도인에게 한 소리 듣고, 매도인을 두둔하면 매수인에게 한 소리 듣는다. 스트레스가 크다. 이에 반해 공동 중개는 깔끔하다. 내 손님 편만 들면 된다. 그럼에도 불구하고 일부 소장님을 제외하고는 단독 중개를 선호한다.

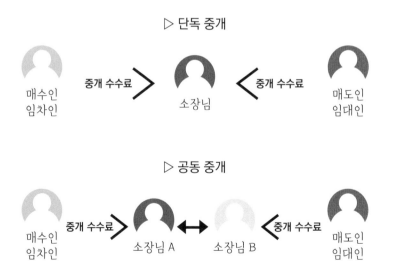

앞의 그림을 보면 소장님이 왜 단독 중개를 원하는지 알 수 있다. **단독 중개를 하면 매수인과 매도인에게 각각 중개 수수료를 받는다.** 만약 중개 수수료가 200만 원이라면, 양쪽에서 총 400만 원을 받게 된다. 양쪽에서 수수료를 받기 때문에 업계에서는 '양타'라고도 한다. 반면에 공동 중개를 하면 한쪽에서만 수수료를 받을 수 있다.

다만 소장님도 단독 중개를 선호한다 뿐이지 단독 중개만 할 수는 없다. 매물이 있는데 매수인이 나타나지 않거나, 매수인이 소장님이 가진 매물을 마음에 들어 하지 않는다면? 단독 중개를 고집할 경우 200만 원마저 놓친다. 계약을 못하는 것보다는 한쪽에서라도 수수료를 챙기는 편이 나은 것이다. **소장님은 단독 중개를 선호하지만 여의 찮을 경우 공동 중개도 마다하지 않는다고 정리해 볼 수 있다.**

소장님이 각자 이익 추구를 하는 과정에서 선의의 피해자가 발생하기도 한다. 누군가 거래를 하려고 부동산에 갔을 때 어떤 소장님은 노련하게 이야기한다. 매수인에게는 다른 부동산에 갈 필요가 없다고, 어차피 공동 중개를 하니 여기서 매물을 다 구할 수 있다고 한다. 매도인에게는 단독으로 내놓아야 더 신경 써서 손님을 붙여 줄 수 있다고 한다.

그 말을 믿고 거래한 매수인은 나중에 브리핑받지 못한 더 좋은 매물이 있었다는 사실을 알게 된다. 매도인은 본인이 내놓은 매물보다 더 비싼 매물이 먼저 거래되었다는 사실을 깨닫는다. 공동 중개를 한다면서 왜 이런 일이 발생하는 걸까? 소장님의 말은 반만 맞고 반은 틀렸기 때문이다.

어떤 매도인이 한두 개 부동산에 매우 저렴한 가격으로 매물을 내놓는다고 가정해 보자. 소장님이 정말 좋은 매물이라고 판단한다면 확실하게 계약할 것 같은 매수인에게 연락한다. 소장님 성향에 따라서 매수 문의를 했던 사람들에게 단체 문자를 뿌리기도 한다. **바뀌지 않는 사실은, 매수인을 구할 수 있다면 단독 중개를 먼저 시도한다는 것이다. 그러고도 소화되지 않았을 때 비로소 공동 중개망에 올라간다.**

그러니 모든 매물이 공동 중개되는 것은 아니다. 소장님 수첩 안에서 조용히 처리되는, 우리는 본 적도 없는 매물들이 존재한다. 게다가 소장님은 단독 중개할 수 있는 물건을 더 긍정적으로 브리핑할 가능성이 높다. 기준이 명확하지 않은 부린이라면 판단에 혼란이 올 수도 있는 것이다.

매도인 입장에서도 손해다. 매도인은 가격을 결정하여 시장에 내놓는다. 가격을 깎아서 사는 매수인은 있어도 가격을 더 주고 사는 매수인은 없지 않은가? 최대로 받을 수 있는 가격이 이미 결정된 상태라는 것이다. 매수인이 소장님을 활용해 가격적인 이득을 얻을 수 있는 것과 달리, 매도인이 얻을 수 있는 이득은 빨리 거래하고 다음 스텝을 밟는 것뿐이다.

한두 부동산에만 매물을 내놓았을 경우 정말 좋은 조건이 아닌 이상 매물을 내놓지 않은 부동산에서 먼저 브리핑 되기는 어렵다. 다른 부동산의 소장님은 단독 중개를 위해 본인이 가진 매물을 먼저 브리핑할 것이기 때문이다. 시장 분위기가 좋아서 빨리 거래되면 다행이다. 하지만 거래되지 않으면 계획에 차질이 생긴다. 생각하지 못했던 난관에 부딪히는 것이다.

공동 중개의 구조적 특수성으로 인해 의사소통에 문제가 발생하기도 한다. 단독 중개에서는 소장님 한 명만 거치면 의사소통이 가능하다. 공동 중개에서는 소장님 두 명을 거쳐야 한다. 거래할 때 두 명의 소장님이 중간에 있으면 매수인과 매도인은 건너 건너서 서로의 의견을 전달해야 한다. 의견 조율 과정이 더딜 수밖에 없다. 특히 매수 쪽 소장님은 가격을 적극적으로 깎아 달라고 하기가 어렵다. 매도인의 사정과 성향을 잘 모르는 상황이기 때문이다. 괜히 깎아 달라고 했다가 계약이 틀어지기라도 하면 큰일 아닌가?

당신은 반드시 이 시스템을 이해하고 있어야 한다. 그래야 소장님이 아닌, 자신에게 유리한 거래를 할 수 있다. 다음 장에서는 중개 수수료와 단독 중개, 공동 중개 시스템의 원리를 바탕으로 소장님 활용법에 관해 이야기할 것이다.

CHAPTER 2

부린이의 **소장님** **활용법**

우리는 수수료를 내고 서비스를 이용하는 손님이다.
손님은 돈을 쥐고 있는 사람이다. 갑이다.
그럼에도 불구하고 부린이 시절에는 소장님을 대하기가 어렵다.
피하고 싶다. 이번 장에서는 왜 많은 소장님을 만나야 하는지,
어떤 소장님을 만나야 하는지, 어떻게 하면 더 편하게
소장님을 활용할 수 있는지 알아보겠다.

집도 소장님도 많이 보아야 한다

결혼 후 아이가 태어났다. 가습기가 필요했다. 인터넷 검색을 시작했다. 물을 진동시켜서 물 분자를 만들어 내는 초음파 가습기와 물을 가열해서 가습하는 가열식 가습기가 있었다. 초음파 가습기와 가열식 가습기에 대해 조금 더 찾아봤다. '아, 초음파 가습기는 곰팡이가 서식하기 좋은 온도라 위생에 문제가 있구나' '가열식 가습기는 전기세가 많이 드는구나' 새로운 사실을 알았다. 가습기의 다양한 장단점을 이해하게 되었다.

아이를 위해 가열식 가습기를 사기로 했다. 여기저기 전자 제품 매장에 가서 실제 모습을 비교했다. 밥솥 모양 가습기가 청소도 간편할 것 같고 좋아 보였다. 이제 가격을 비교할 차례였다. 역시 가격은 인터넷이 쌌다. 수입 제품이라 두 가지 옵션이 있었다. 변압기를 따로 구입해야 하는 110볼트 제품과 그냥 우리나라 콘센트에 꽂아 쓸 수 있는 220볼트 제품. 변압기가 꽤 크기 때문에 불편할 것 같았다. 그런데 가격이 사악했다. 변압기를 따로 구매해도 110볼트가 훨씬 저렴했다. 결국 가성비를 선택했다.

가습기 하나를 구매하는 데 거의 2주 정도의 시간이 걸렸다. 그동안 제품 종류와 브랜드, 사양, 가격 등 가습기와 관련한 모든 것을 찾아보며 공부했다. 어느 누가 물어봐도 가습기에 대해서만큼은 척척 대답할 수 있을 정도였다. 가습기 전문가가 되어 있었다. 2주를 투자해서 구입한 가습기 가격은 20만 원이 채 되지 않았다.

정도의 차이는 있을지언정 누구나 물건을 살 때는 현명한 소비자가 된다. 핸드폰, 이어폰, 노트북, 청소기, 유모차를 살 때 생각 없이 그냥 돈을 지불하는 사람이 있을까? 이것저것 공부하고 따져 본다. 들었다, 놓았다, 밀었다, 당겼다, 지인에게 묻고 인터넷도 샅샅이 뒤진다.

아파트는 어떤가? 저렴해도 몇천만 원, 비싸면 수십억 하는 것도 있다. 가격 차이는 있지만 우리의 소득 수준에 비해 현저하게 비싼 자산이란 사실에는 변함이 없다. **그런데 당신은 부동산 거래를 할 때도 현명한 소비자인가?** 선뜻 대답하기 어려울 것이다. 부동산을 매수할 때는 소비 물건을 알아볼 때만큼 상세하게 알아보지 않는 사람이 많다.

집을 내놓고, 이사 가야 할 동네의 부동산에 간다. 나와 있는 매물 중 적당한 것을 고른다. 어느 정도 고민하다가 결정을 내린다. 심지어 부동산에 처음 방문한 날 바로 매수를 결정하는 사람도 있다. 부동산에 관해 잘 알기 때문은 아닐 것이다. 투자자가 아닌 이상 평생 부동산 거래 횟수가 4~5회를 넘지 않는 사람도 많다.

가습기 같은 물건이 마음에 들지 않으면 어떻게 할까? 새로 사면 된다. 바꿀 수 있는 여지가 있다. 물론 속은 조금 쓰리겠지만. 부동산은 큰돈이 들어간다. 마음에 들지 않는다고 다시 이사를 하기도 어렵다. 가격 변동은 또 어떤가? 우리가 소비하는 공산품들은 1개월 전과 현재의 가격이 크게 다르지 않다. 부동산은 단 1개월 만에도 엄청나게 시세가 변할 수 있다.

만약 누군가 당신에게 한 달 동안 매일 한두 시간씩 투입해서 1,000만 원을 벌 수 있는 일이 있다고 한다면 하겠는가? 대부분 한다고 할 것이다. 빨리 하고 싶다고 먼저 나서서 물어볼지도 모르겠다. 그런 일은 분명히 있다.

집을 사기 전 최소 한 달은 꼬박 네이버 부동산에서 매물을 확인하고 임장을 다녀라. 당신이 평소 부동산에 관심이 많지 않거나, 그 동네 주민이 아니라면 적절한 매매가를 판단하는 일은 쉽지 않다. 매매가는 가만히 있지 않는다. 경제 상황이나 금리, 공급과 사람들의 심리에 따라 생물처럼 움직인다. 이득과 손해는 적정 매매가 판단 여부에 따라 결정된다.

또한 아파트는 규격화되어 있지만 개별 매물은 각각의 특수성을 가진다. 어떤 매물은 지하철역에 가깝고, 어떤 매물은 전망이 좋고, 어떤 매물은 구조가 잘 나왔고, 어떤 매물은 수리가 잘되었고, 어떤 매물은 층이 좋고, 어떤 매물은 상권을 이용하기가 좋고, 어떤 매물은 통학에 유리하다. 매도인은 시장 상황과 자기 집의 특수성에 욕망을 담아 호가를 내놓는다. 어떤 매도인은 지나치게 욕망이 크고, 어떤 매도인은 자기 집의 가치를 제대로 평가하지 못한다.

당신이 해야 할 일은 꾸준히 보려고 노력하는 것이다. 매도인이 아닌, 자본주의 시장이 각각의 특수성을 어떻게 판단하는지 적정 가격을 몸으로 익히는 것이다. 적정 가격보다 저렴하게 매수할 수 있다면, 아니 최소한 시세보다 비싸게 사지만 않아도 주택 매수를 하며 이득을 볼 가능성이 커진다. 1,000만 원 혹은 그 이상도 충분히 아낄 수 있다.

여기까지 읽고 '매물 체크를 해 볼까?' '임장을 가 볼까?' 하는 생각이 들었는가? 축하한다. 절반은 성공했다. 그러나 한 가지 문제가 있다. 일반적인 상품과 달리 부동산을 볼 때는 가운데 중개인이 낀다는 사실이다. 상품은 나 혼자서도 얼마든지 볼 수 있다. 집은 나 혼자 볼 수 없다. 언제나 소장님과 함께 간다.

결국 집을 많이 보기 위해서는 소장님과 많이 만나야 한다. 하지만 부린이에게는 소장님을 만나는 것부터가 부담이다. 끝판왕을 깨러 가기 전에 중간 보스를 먼저 뛰어넘어야 하는 느낌이랄까?

부린이는 소장님이 무섭다

부동산은 서비스업이다. 서비스업에서 가장 중요한 것은 친절이다. 친절한 소장님은 일이 잘될 가능성이 크고, 불친절한 소장님은 자연스럽게 도태된다. 게다가 부동산에 들어오는 모두가 수수료를 지불할 수 있는 잠재 고객 아닌가? 소장님은 잠재 고객을 위해 시원하게 에어컨도 틀어 주고, 커피도 타 준다. 그런데 우리는 대체 왜 소장님 만나는 것을 두려워할까?

첫째, 사람은 무언가 새로운 것을 시작할 때 자연스럽게 두려움을 느끼기 때문이다. 서은국 교수의 저서 『행복의 기원』에 따르면, 인류의 역사를 하루에 비유했을 때 인간이 문명 생활을 한 시간은 24시간 중 겨우 2시간에 불과하다. 나머지 22시간은 수렵·채집 생활을 한 셈이다.

새로운 것에 두려움을 느끼는 본능은 인류 역사 대부분을 차지하는 22시간에 만들어진 것이다. 새로운 약초를 발견했을 때 두려움 없이 입으로 가져갔던 원시인은 대부분 죽었다. 겁이 많아 다른 이들이 죽는 것을 지켜본 사람들은 먹으면 안 되는 약초라는 사실을 깨달았다. 살아남았다. 우리는 누구의 후손인가? 살아남은 자의 후손이다. 겁쟁이의 아들딸이다.

처음 부동산 문턱을 넘는 것도 새로운 약초를 입에 넣는 것만큼이나 두려운 일이다. 부동산에 가서 무슨 말을 해야 할지도 모르겠고, 초보라는 사실을 들키면 노련한 소장님의 능수능란함에 휘둘릴 것만 같다. 하지만 이것은 경험이 없기 때문에 드는 생각이다. 처음 한 번을 해 보지 않았기 때문이다. 경험이 많은 누군가도 처음 한 번이 있었기에 거기까지 간 것이다.

그동안 필자가 경험한 바로는 머리에 뿔이 달렸거나 독을 품은 소장님은 없었다. 최소한 부동산에 들어갔다고 해서 수렵·채집 시대처럼 생명의 위협을 받는 상황은 생기지 않는다는 것이다. 사랑의 아픔은 또 다른 사랑으로 잊히듯이, 경험 부족은 또 다른 경험으로 극복할 수 있다. 망하거나 죽을 위험이 없다면.

결국 소장님을 많이 만나 봐야 한다. 인간은 적응의 동물이다. 무엇에도 금방 적응한다. 필자는 처음에 스키가 무서웠다. 리프트를 타고 올라가면서 이걸 왜 돈 내고 탔을까 후회했다. 하지만 서너 번 타고 나자 곧 즐기게 되었다. 이렇게 재밌는 것을 그동안 왜 타지 않았을까 후회했다. 한 번도 안 해 봐서 두렵다면 두 번, 세 번, 그리고 열 번 하면 된다. 계속해서 경험하다 보면 부동산에 방문하는 것이 카페에 들어가는 것처럼 편해지는 순간이 온다.

둘째, 준비가 되지 않았기 때문이다. 대학생 때였다. 조별 과제 발표가 있었다. 그런데 모여서 놀기만 하고 발표 준비는 제대로 하지 않았다. 서로 미루고 미루다 당일에 필자가 발표하게 되었다.

떨렸다. 아무리 발표를 못해도 머리에 든 것이 있으면 무슨 말이라도 했을 것이다. 도저히 그런 수준이 아니었다. 아무런 준비가 되어 있지 않았다. 손이 덜덜 떨리고 식은땀이 줄줄 흘렸다. 몸이 아픈 척 연기를 하고 겨우 자리로 돌아왔다. 이후 필자에게 발표는 자신감의 문제를 넘어서 트라우마로 남았다.

부동산도 마찬가지다. 준비가 안 되어 있으면 떨린다. 물론 책을 읽고, 강의도 듣고, 지역 조사도 해서 부동산에 가는 사람도 있다. 평소 부동산에 관심을 두고 부동산 소장님과 소통하는 사람도 있다. 하지만 뉴스에서 집값이 올랐다는 소식을 접하거나 지인이 산 부동산이 올랐다는 이야기를 듣고 무작정 부동산을 찾아가는 사람이 더 많다. 부동산에 가면 어떻게든 되겠지 생각하는 사람이 대부분이다.

준비 없이 부동산에 가면 소장님에게 의지하게 되는 것도 문제다. 군대에서 사단장님을 만났을 때 경례 목소리가 열 배는 커지고, 회사에서 사장님을 보았을 때 허리가 저절로 90도 굽혀지는 것은 왜일까? 그들이 나의 생살여탈권을 쥐고 있기 때문이다.

내 실력이 부족한 것은 내가 가장 잘 안다. 그렇다면 소장님에게 잘 보여야 부동산 거래를 잘할 수 있겠다는 생각이 들지 않을까? 긴장될 수밖에 없다. 반면에 내가 공부를 해서 상황을 어느 정도 통제할 수 있다면 소장님에 대한 두려움은 훨씬 줄어든다. **나의 생살여탈권은 나에게 있어야 한다. 성공하든 실패하든 나의 실력으로 판가름 나야 한다. 그래야 배우는 것이 있다.**

셋째, 이상한 소장님을 만나 마음의 상처를 받을까 봐 걱정되기 때문이다. 필자도 그동안 상식 밖의 소장님을 많이 보았다.

망둥이

소장님, 이야기 잘 들었습니다. 오늘 몇 군데 더 둘러보고 결정하게 되면 연락드릴게요.

안 살 거지? 그냥 정보만 얻으러 온 거지? 우리 같은 사람은 한눈에 다 알아. 돈도 얼마 없어 보이네.

소장님

관심법을 쓰는 소장님이다. 직전까지는 대화가 잘되어서 방심하고 있다가 마지막에 카운터펀치를 맞았다. 마음에 품고 있어야 하는 말을 굳이 왜 밖으로 꺼내는 것인지 화가 나기도 했다. 부동산 중개는 서비스업이다. 손님과 언제 어떤 인연으로 닿을지 모른다. 그럼에도 불구하고 저런 소장님은 당장 눈앞의 이익만 좇는다. 안 살 것 같으면 문전박대한다. 무시한다.

망둥이

소장님, 안녕하세요? 투자자인데 매물 좀 보러 왔어요.

그냥 가세요. 저는 외지 투자자나 법인하고는 거래 안 해요.

소장님

돈 싫어하는 소장님(사실은 보수적인 소장님)이다. 극소수지만 실재한다. 외지 투자자가 별로 들어오지 않고, 지역 내 실거주자끼리 소유권만 바뀌는 곳이 있다. 어느 날 외지 투자자 혹은 법인 투자자로 인해 전세 사고가 났다거나 불미스러운 일이 발생하면, 소문이 순식간에 퍼진다. 같은 지역의 소장님들은 경쟁 상대이기도 하지만 서로 정보를 공유하는 사이이기도 하다. 우리가 소장님을 어려워하는 것처럼 소장님도 그렇다. 막연하게 두려운 마음이 드는 것이다. 애초에 신념이 강한 소장님도 있다. 다주택자는 '악惡'이라고 생각하는 경우다.

어쨌든 이런 소장님을 한두 번 경험한 부린이는 맥이 풀린다. 안 그래도 부린이에게 부동산은 무서운 곳이 아닌가? 트라우마가 생기기에 충분하다. 하지만 잘 생각해 보면 이상한 소장님을 만나는 것은 자연스러운 일이다.

회사에서 주변을 둘러보자. 모두 좋은 사람들만 있는가? 어딜 가나 이상한 사람은 있다. 별것 아닌 일에도 분노 조절이 안 되는 상사, 어떻게든 자기 것만 챙기려는 동기, 일할 의지가 전혀 없는 후배 등 별

별 사람을 다 만난다. 우리는 이런 사람들 때문에 스트레스를 받는다. 그러나 웬만큼 이상하지 않은 이상 일 자체를 포기하지는 않는다. '별 이상한 사람 다 있네' 속으로 한마디 할 뿐이지.

우리나라의 개업 공인중개사는 2020년 기준으로 11만 명이라고 한다. 어마어마한 숫자다. 아파트 상가마다 꽉 들어찬 부동산을 보면 그리 비현실적인 것도 아니긴 하다. 전국이 아닌, 우리 동네만 둘러봐도 부동산은 수없이 많으니까. 확률적으로 사고하자. 그렇게 많은 부동산 중에 이상한 소장님이 없을 거라는 생각이 더 이상하다.

나쁜 경험을 했다고 해서 부동산 자체를 부정적으로 보지는 말자. 그것은 나와 하등 상관없는 사람 때문에 가장 중요한 것을 버리겠다는 말과 같다. **단지 인정하자. 세상에는 많은 사람이 있고, 그중에는 이상한 사람도 있으며, 그 사람이 내가 오늘 만난 소장님일 수도 있다고 말이다.**

오히려 세상에는 이상하지 않은(?) 소장님이 더 많다. 도움이 되는 소장님이 대부분이며, 자신의 노하우를 전수해 주는 소장님도 있다. 손님의 어려움을 자기 일처럼 걱정해 주는 소장님도 있다.

필자는 2019년에 투자 공부를 시작하자마자 대책 없이 부동산을 샀다. 그런데 잔금이 부족하여 3개월 안에 기존 주택을 매도해야 했다. 엎친 데 덮친 격으로 정부 규제 때문에 부동산 경기가 얼어붙었다. 매도가 정말 안 되었다. 그때 한 부동산 소장님이 앞장서서 도와주었다. 덕분에 겨우 상황이 해결되었다.

망둥이

소장님, 이렇게 어려운 때에 매도해 주셔서 정말 감사합니다.

서로 돕고 살아야죠. 여기는 소장님들끼리 급한 매물 있으면 그것부터 빼려고 다들 도와줘요.

소장님

운이 좋았다. 알고 보니 그때 도와준 소장님이 해당 지역 공인중개사무소 연합회 회장이었다. 게다가 투자 클럽을 운영했을 정도로 부동산 투자 전반에 대한 지식이 해박했다. 급한 사정을 듣고 지역 소장님들과 함께 공동 중개로 필자의 물건을 가장 먼저 빼 주었다. 그뿐만 아니라 세금과 투자에 관한 조언까지 얻을 수 있었다.

초보 때는 어쩔 수 없이 누군가의 도움이 필요하다. 부린이가 처음에 해야 할 일은 그렇게 친절하고 전문가다운 소장님을 찾는 것이다. 나에게 꼭 필요한 매물을 단독으로 갖고 있는 게 아니라면 굳이 전문성이 떨어지거나 돈밖에 모르는 소장님과 만나 시간 낭비할 필요가 없다. 물론 그 정도로 이상한 소장님이 단독으로 좋은 물건을 가지고 있을 확률도 낮지만.

[📚]

부린이와 찰떡궁합 소장님 찾는 법

콩 심은 데 콩 나고, 팥 심은 데 팥 나는 법이다. 사람들은 이 자연 법칙을 잊고 산다. 성공하고 싶지만 성공을 위해 노력하지는 않는다. 좋은 배우자를 만나고 싶지만 스스로 좋은 사람이 되기 위해 노력하지는 않는다. 친절하고 능력 있는 소장님을 만나고 싶지만 그런 소장님을 만나기 위해 노력하지는 않는다. 당일 임장한 곳에서 즉흥적으로 눈에 띄는 부동산에 들어가는 경우가 대부분이다. 랜덤 주사위에 자신의 운명을 맡긴다.

그렇게 부동산에 가면 어떤 소장님을 만날지 알 수 없다. 친절하고 유능한 소장님이 더 많아도, 모두 그렇다고 장담할 수는 없지 않은가. 운수 없는 날이라면 불친절한 소장님을 만날 수 있다. 소장님 말 한마디에 마음이 상한다. 이대로 나오기는 민망하다. 어떤 정보라도 하나 얻어 내려고 최선을 다해 본다. 그것도 다 헛고생. 결국 별 소득은 없다. 마음의 상처만 받는다. 이런 소장님과는 혹시 계약까지 가도 소장님의 일 처리 때문에 두고두고 스트레스받을 것이다.

그럴 필요가 없다. 당신에게는 소장님을 선택할 수 있는 자유와 권리가 있기 때문이다. 세상에는 많고 많은 소장님이 있다. 잘 안 맞는 소장님에게 나를 억지로 맞추려고 하지 말자. 그보다는 부린이에게 잘 맞는 소장님을 어떻게 선택할 수 있을지 고민하는 것이 더 효과적이다.

즉흥적으로 부동산에 들어간다면 어떤 소장님을 만날지는 복불복이다. 앞서 설명한 이상한 소장님을 만날 수도, 서비스 마인드가 없는 소장님을 만날 수도, 적극성이 떨어지는 소장님을 만날 수도 있다. 시간이 낭비되는 것은 물론이고, 마음의 상처를 받기도 쉽다. 필자가 이상한 소장님을 만났던 것도 주로 사전에 약속을 잡지 않고 찾아갔을 때였다.

부동산 방문 전에는 약속을 미리 잡는 것이 좋다. 몇 가지 이유가 있다. 첫째, 사전에 소장님을 필터링하여 시간 낭비를 막을 수 있다. 둘째, 미리 약속하지 않으면 집을 보기가 힘들다. 셋째, 약속을 잡아야 소장님도 진지하게 브리핑을 준비한다.

사전에 인터넷과 전화를 활용하여 소장님에 대한 정보를 얻어 보자. 소장님의 성향을 어느 정도 헤아릴 수 있다. 물론 이 또한 추론일 뿐, 정확한 방법이라 할 수는 없다. 하지만 어디 100퍼센트라는 확률이 존재하는가? **다양한 정보를 취합 후 스스로 판단하여 확률을 높여**

가는 과정이 부동산 거래다. 그런 의미에서 나에게 맞는 소장님을 고르는 것도 크게 보면 부동산 거래 연습의 하나라고 할 수 있다.

소장님에 대한 기본적인 정보를 확인하려면 네이버 부동산 PC 버전에 접속해야 한다. 우측 중개사 버튼을 클릭하면 해당 지역에 있는 중개사 정보가 주황색 동그라미로 표시된다. 클릭해 보면 구체적인 중개사 정보가 나온다.

▷ 네이버 부동산 화면

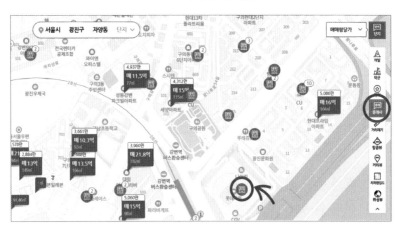

부동산 이름을 클릭하면 다음과 같은 내용을 볼 수 있다. 예시로 두 개 부동산의 정보를 가져왔다.

정리해 보면 네이버 부동산에서는 소장님에 대해 아래와 같은 정보를 확인할 수 있다. 이를 바탕으로 1차 필터링을 한다.

① 부동산 상호 ② 전화번호 ③ 매물 개수 ④ 최근 3개월 집주인 확인

⑤ 소장님 사진 ⑥ 블로그 주소

① 부동산 상호

부동산 이름이 나와 있다.

② 전화번호

사무실 연락처가 기재되어 있다. 요즘에는 개인 핸드폰 번호를 적어

놓는 경우가 많다. 두 소장님 모두 핸드폰 번호까지 확인 가능하다.

③ 매물 개수

1번 소장님이 2번 소장님보다 매물을 많이 갖고 있다. 같은 동네 부동산인데 매물이 더 많다는 것은 소장님의 적극성, 지역 내 신뢰 등 여러 가지 의미를 내포할 수 있다. 또한 임장을 갔을 때 볼 수 있는 집이 다양하다는 의미이기도 하다.

④ 집주인 확인

매도인이 매물을 의뢰하면 소장님은 네이버 부동산에 올린다. 그러면 매도인에게 거래 가능한 매물인지 확인 문자가 간다. 이때 집주인이 확인하면 '집주인 확인' 매물 표시가 되는 것이다. 큰 의미는 없지만 어떤 소장님은 매도인에게 매물을 확인해 달라고 적극적으로 이야기한다. 따라서 집주인 확인 매물이 많다는 것은 적극성 측면에서 긍정적으로 해석할 수 있다.

⑤ 소장님 사진

가장 중요하다. 필자는 소장님의 인상을 반드시 확인한다. 외모가 아니라 인상이다. 미국의 16대 대통령 에이브러헴 링컨Abraham Lincoln은 "누구든 나이 마흔이 넘으면 자기 얼굴에 책임을 져야 한다"며 인상이 나쁜 사람은 유능해도 중용하지 않았다. 어렸을 때의 외모는 부모님에게 물려받은 것이지만, 나이가 들어서의 외모는 자신이 만들어 가는 것이다. 어느 정도 나이가 들면 성격이나 살아온 여정이 인상에 드러난다. 평소 퉁명스러운 사람이 사진에서는 진심으로 환하게 웃을 수 있을까? 필자가 경험했던 바로도 굳은 인상의 소장님들은 대하기 어려울 때가 많았다. 밝은 인상의 소장님들은 실제로도 이야기하기 편했다. 2번 소장님처럼 사진이 없는 경우는 굳이 연락할 필요가 없다.

⑥ 블로그 주소

블로그 운영은 소장님의 선택 사항이다. 단순히 매물 소개만 하는 소장님도 있고, 자신의 이야기와 부동산을 운영하며 알게 되는 통찰을 함께 적는 소장님도 있다. 꾸준히 해당 지역과 매물에 관하여 포스팅하고 있다면 전문성 측면에서, 매물 광고가 아닌 자기 이야기를 하고 있다면 진실성 측면에서 좋은 점수를 줄 수 있다. 실제로 블로그에 들어가서 전문성을 판단해 보는 것도 좋은 방법이다.

부동산 중개 플랫폼으로 네이버 부동산이 가지는 위상은 대단하다. 전라도 광주 정도만 '사랑방'이라는 지역 플랫폼을 사용하며, 그 외 대부분의 지역에서 네이버 부동산을 주로 사용한다. 매수인, 임차인 같은 시장 참여자도 네이버에서 검색한다. **그렇게 중요한 플랫폼임에도 불구하고 핸드폰 번호가 없고, 사진이 없고, 정보가 부족한 것을 보면 소장님이 시대의 흐름에 맞게 영업을 하고 있는지 의문이 든다. 적극적인 서비스 마인드를 갖고 있는지도 의심스럽다.** 굳이 연락하지 않아도 된다는 이야기다(다만 재개발 부동산은 원주민 물건을 다수 가지고 있지만 네이버에 올리지 않는 경우도 많다).

 필자가 말한 소장님 고르는 방법에 명확한 근거가 있는 것은 아니다. 네이버 정보가 성의 없거나, 매물이 올라와 있지 않다고 해서 무조건 소극적이고 능력 없는 소장님은 아닐 것이다. 인상이 좋지 않다고 해서 불친절한 소장님이라고 치부하는 것도 편견일 수 있다. 하지만 투자할 때 확실한 것이 없다고 아무거나 사지는 않는다. 어떻게든 확률을 높이는 방법을 찾는다. 시간과 의지도 우리가 가진 종잣돈이다. 확률을 높여 시간과 의지를 아껴야 한다.

 네이버 부동산 정보로 1차 필터링을 거쳤다면 다음 순서는 전화 통화다. 전화 통화는 간편하게 시세나 분위기 확인을 하는 용도로는 괜찮다. 하지만 부린이가 임장 목적으로 활용하기에는 부족하다. 소장님은 진짜 손님인지 확인할 수 없으니 단편적인 정보 외에는 내놓지 않는 경우가 많다.

 그럼에도 굳이 전화하는 이유가 있다. 첫째, 이미 수집한 해당 지역의 정보가 사실인지 확인하기 위해서다. 둘째, 몇 가지 질문을 던지다 보면 소장님 스타일에 대해 대략 감을 잡을 수 있기 때문이다. **직접 목소리를 듣는 것만으로도 소장님에 관한 실마리를 얻을 수 있다.**

망둥이

> 소장님, 안녕하세요? 몇 가지 여쭤보려고 하는데, 혹시 통화 괜찮으세요?

네, 말씀하세요.

소장님

망둥이

제가 갈아타기를 하려고 하는데요. 혹시 잔금 전에 수리할 수 있는 매물이 있을까요?

네, 수리 기간을 줄 수 있는 매물이 있긴 한데 조건이 있어요. 돈이 급히 필요해서 한 달 안에 중도금 4억 원을 맞춰 주셔야 해요.

소장님

망둥이

수리 기간은 얼마나 주실 수 있을까요?

최대 두 달 정도요.

소장님

망둥이

혹시 최근 올수리된 매물은 있을까요?

특올수리된 매물 있어요. 뷰도 좋고, 예뻐요. 집주인이 2년 전에 수리해서 들어오셨는데 갈아타기 하신대요.

소장님

사실 소장님도 친절하게 전화를 받고 싶지만 매일 간만 보고 끊는 전화가 걸려 온다. 사람이라면 무의미할 것 같은 응대를 반복하는 상황에 한계를 느낀다. 하지만 그 덕분에 우리는 서비스 마인드가 좋은 소장님을 고를 수 있다. 여기저기 소장님에게 전화를 돌리다 보면 느낌이 온다. 손님 한 사람 한 사람을 잠재 고객으로 생각하고 최선을 다하는 소장님인지 눈앞의 이익밖에 모르는 소장님인지, 적극적인 소장님인지 소극적인 소장님인지, 친절한 소장님인지 무뚝뚝한 소장님인지 말이다.

온라인에서 활발하게 활동하는 소장님은 적극적이다. 시황에 대한 눈치가 빠르고, 좋은 정보를 지니고 있을 가능성도 높다. 다만 전화를 걸었을 때 상술이 지나치다는 느낌을 받는 경우도 있으니 주의하자. 너무 적극적이라 거래 성사에만 집착하거나 서비스 마인드가 떨어지는 것이다.

망둥이

소장님, 안녕하세요? 블로그 보고 연락드렸어요. ○○아파트 관련해서 몇 가지 여쭤볼 것이 있는데…….

전화로는 좀 그런데… 하실 거예요? 부동산 오시면 설명해 드릴게요.

소장님

망둥이

아, 바쁘신가 봐요. 네…….

바쁜데 굳이 계약할지 말지 모르는 전화 손님에게까지 시간을 내고 싶지 않은 소장님이다. 이처럼 온라인에서 활발하게 활동하는 소장님에게 전화했다가 상처받는 부린이도 적지 않다. 물론 이것을 나쁘게 평가하기는 어렵다. 아쉽기는 해도 누구에게나 자신의 시간을 최대한 활용해서 이익을 추구할 권리가 있으니까.

하지만 우리에게도 소장님을 선택할 권리가 있지 않은가? 반복해서 이야기한다. 굳이 상대하기 어렵거나 불친절한 소장님과 약속을 잡을 필요는 없다.

갑은 돈을 쥐고 있는 자고, 돈은 당신이 쥐고 있다. 면접을 보고 있다고 생각하라. 당신이 면접관이다. 삼성전자 면접관이 을의 제안서에 상처받을 필요가 있는가? 현대자동차 면접관이 이상한 지원자가 왔다고 상처받을 필요가 있는가? 그냥 알았다고 하고 끊어라. 그리고 차분하게 되뇌어라. '자, 다음 지원자 전화 받으세요'라고. 확실한 사실 하나는 면접을 반복하면 면접관의 실력도 향상된다는 것이다. 말이 잘 통하고 친절한 소장님과 약속을 잡아라. 필터링을 통해 당신에게 잘 맞는 소장님을 만날 확률을 높여라.

망둥이

소장님, 아까 전화드렸던 사람인데요. 내일 ○시에 ○○ 아파트에 임장을 가려고 해요. 처음 가는 지역이라 그런데 혹시 간략하게 지역, 단지 브리핑 좀 부탁드려도 될까요? 가능하면 매물도 몇 개 보고 싶어요.

네, 그럼요. 당연히 가능하지요. 그 시간에 볼 수 있는 매물하고, 몇 가지 브리핑 준비해서 기다리고 있을게요.

소장님

만약 당신의 부동산 방문 목적이 지역 임장과 공부를 위한 것이면 어떻게 말해야 할까? 당장 매수할 것처럼 거짓말하는 것이 좋을까? 아니다. 당신은 지역 공부를 하러 갔는데, 소장님은 중개를 성사시키려고 한다면 어떻겠는가? 서로 목적이 엇갈린다. 브리핑받을 내용도 다를 수밖에 없다.

시간 낭비다. 차라리 미래의 매수 예정자라고 하라. 갈아타기 하고 싶어서, 혹은 투자하고 싶어서 미리 지역 공부를 하러 가는 것이라고 솔직하게 이야기하라. 마인드가 좋은 소장님은 당장 돈이 안 되어도 미래를 볼 것이다. 당신에게 시간을 투자할 것이다. 당신도 목적에 맞는 브리핑을 받을 수 있다.

한 번 임장할 때는 최소 두세 개의 약속을 잡는 것이 좋다. 딱 한 명의 소장님과만 약속을 잡았을 때는 리스크가 커진다. 두 번의 필터링을 거쳤음에도 나와 맞지 않는 소장님을 만날 수 있다. 일단 팔고 보자는 소장님일 수도 있다. 소장님이 해당 단지의 매물을 보유했다면 주관적 감정이 개입될 수도 있다.

소장님의 견해에 객관성이 부족할 수 있다는 점을 항상 고려해야 한다. 최소 두세 개 부동산에서 브리핑을 받아 보자. 잘 맞는 소장님을 만날 확률을 높이고 다른 소장님에게 들은 정보를 검증할 수도 있다.

단, 주의해야 할 점이 있다. 같은 단지 내에서 여러 번 약속을 잡을 경우 이미 함께 집을 본 소장님과 새로 집을 볼 소장님, 그리고 나 이렇게 셋이 잘못된 만남(?)을 갖는 일이 생길 수 있다. 양다리는 예의의 문제이기도 하다. 집 보는 시간까지 계산해서 한 시간 이상의 시차를 두어야 한다. 또한 단지 별로 한두 명의 소장님과만 약속을 잡는 것이 좋다.

소장님과의 대화, 이렇게 준비하라

부린이는 소장님과의 대화가 어렵다. 부동산에 대해 잘 모르니 어떤 말을 해야 할지 감이 오지 않는다. 질문거리도 고민이다. 소장님과의 대화에 어려움을 겪는 부린이를 위해서 예상 스크립트를 적어 놓은 부동산 책이 있을 정도다.

하지만 스크립트를 외워 가도 그대로 대화가 흐르는 경우는 거의 없다. 맥락에 맞지 않는 어색한 질문과 대답이 오갈 뿐. 필자는 이 상황을 조금 다른 관점에서 분석하고 싶다. 소장님에게 궁금한 점이 없다면 기본 준비가 안 된 것이라고. 소장님과 자연스러운 대화를 하기 위해서는 부동산 가기 전에 준비를 조금 더 해야 하지 않을까?

질문이라는 것의 특성을 생각해 보자. 보통 사람들은 무언가에 관해 잘 모를 때 하는 것이 질문이라고 생각한다. 하지만 그렇지 않다.

강의가 끝나고 질문하는 사람은 강의 내내 딴생각을 했던 사람이 아니다. 가장 열심히 강의를 들었던 사람이다. 필기도 하면서 자신의 경험과 지식을 연결해 본 사람이다. 그래야 질문거리가 나오지 않겠는가? 해당 분야에 대한 이해가 선행되지 않는다면 어떤 시도조차 해볼 수 없는 것이 '질문'이라는 단어의 속성이다. **당신이 할 수 있는 최대한의 공부를 끝내 놓아라. 그것이 꼬리에 꼬리를 물고 새로운 질문을 만들어 낸다.**

따라서 부동산에 방문할 때는 해당 지역 및 단지의 특성과 분위기에 대한 손품 분석을 이미 마친 상태여야 한다. KB 주간 시계열(KB 은행에서 일주일에 한 번 부동산 시황을 분석해서 발표하는 자료)에서 매매, 전세 분위기가 어떤지 살펴보자. 〈부동산지인〉〈아실〉〈호갱노노〉 앱에서 입주 물량, 미분양 현황, 최근 실거래가 정보와 전세가율(매매가 대비 전세가 비율, 즉 매매가 10억 원이고 전세가 6억 원이면 전세가율은 60퍼센트다) 추이, 주변 상권, 학군, 교통 정보를 확인하자. 인터넷에서 다른 투자자의 임장기를 검색해 보는 것도 좋은 방법이다.

망둥이가 추천하는 부동산 데이터 및 지역 분석 관련 도서

blog.naver.com/myouth35/223519192524

〈호갱노노〉앱의 '이야기' 부분을 정독하는 것도 도움이 된다. 실제 입주민 혹은 해당 아파트에 거주하다가 이사 나간 사람들이 호재와 편의 시설, 불편함 등을 상세하게 적어 놓았다. 물론 자신의 아파트 가격을 높이기 위해 침소봉대하는 사람도 있다. 일부러 아파트를 평가절하하는 사람도 있다. 100퍼센트 믿을 수는 없다. 그래도 자세하게 살펴보면 꽤 유용한 정보를 얻을 수 있다. 중요하게 확인해야 할 내용들을 찾아보자. 그것이 곧 소장님에게 던질 수 있는 질문거리가 된다.

▷〈호갱노노〉'이야기' 화면

소장님과 만나기 전에 동네 임장도 끝내 놓는 것이 좋다. 주차에는 불편함이 없는지, 유해 시설은 없는지, 아이들 놀이터와 아파트 외관 상태, 대중교통 현황도 확인해야 할 사항이다. 동네를 걸어 다니면서 궁금한 것과 확인할 것을 핸드폰 메모장에 정리하자.

부린이: 소장님, 여기 주차난이 심각하다고 하는데 실제로는 어떤 편인가요? 많이 불편한가요? 주차 자리가 없으면 주변에 주차할 곳이 있을까요?

부린이: 소장님, 재건축 이야기가 있던데 어떻게 진행되고 있나요?

부린이: 소장님, 엘리베이터가 많이 낡았던데 혹시 교체 예정은 없나요?

사전에 정보를 열심히 모았다고 해도 오류의 가능성은 있다. 지역의 상황을 가장 정확하게 아는 사람은 소장님이다. 소장님과 대화하면서 정리한 내용을 다시 한번 확인하라. 놓쳤던 정보를 얻을 수 있도록 하라.

부동산에 가기 전에 투자와 관련한 자신의 기본적인 맥락은 명확하게 정리해 놓아야 한다. 그래야 소장님과 대화가 된다. 소장님은 해당 지역의 매물과 분위기에 대해서는 잘 알고 있다. 말 그대로 전문가다. 그러나 나의 맥락과 환경, 성향에 대해서는 전혀 아는 바가 없다.

특히 부동산 매수에 동원할 수 있는 자금의 규모는 소장님이 반드시 질문하는 내용 중 하나다. 내가 동원할 수 있는 돈이 얼마인지조차 정확하게 모른다면 소장님 입장에서도 계산이 서지 않는다. **최소한 매수의 목적이 무엇인지, 얼마를 언제까지 동원할 수 있는지, 취득세나 양도세 문제가 걸리지는 않는지, 대출을 받아야 한다면 얼마까지 가능한지 미리 정리해 두어야 한다.**

소장님

> 얼마짜리까지 보고 계세요?

> 7억 원 정도인데, 8억 원까지는 될 것 같기도 하고……

부린이

소장님

```
…….
```

준비를 잘하고 가도 대화가 막힐 수 있다. 그럴 경우 비장의 무기가 있다. '소장님' 자체에 집중하는 것이다. 공인중개사는 주목받는 직업이 아니다. 늘 옆에서 매수인과 매도인을 주인공으로 만들어 준다. 그렇다고 해서 소장님이 조연이 되고 싶어 하는 사람은 아니다. **누구나 인생의 주인공이 되고 싶다. 우리가 소장님의 삶에 관심을 가져 보자. 소장님을 향한 칭찬과 질문으로 대화를 시작해 보자.**

부린이

소장님, 목소리가 엄청 차분하시네요. 동네 주민분들이 부동산 거래할 때 소장님께 많이 의지하겠어요.

부린이

소장님, 모르는 것이 없으시네요. 여기서 언제부터 중개하신 거예요?

부린이

소장님, 제가 본 소장님 중에 가장 스타일이 좋으세요. 왠지 설명도 상세하게 해 주실 것 같아요.

자기를 향한 관심과 칭찬을 마다할 사람은 없다. 소장님에게 오직 비즈니스 관점으로만 접근하니 대화가 딱딱해지고 불편해지는 것이다. 인간적으로 다가가라. 소장님에 대한 관심을 바탕으로 하나씩 풀어 가다 보면 대화가 편해진다. 요청하지 않은 부분도 신나서 이야기하는 소장님도 있다. 단, 뭐라도 하나 얻어 내려는 마음으로 칭찬하지는 말자. 진심으로 해야 한다. 어디서나 진심은 통하는 법이다.

[📚]

도움을 요청하라

필자는 단기간에 부동산 거래를 몇 번 해 본 후 무서운 질병을 앓았다. "알아알아" 병에 걸린 것이다. 몇 번의 거래 경험이 쌓이니 돌아가는 시스템이 대충 눈에 들어왔다. 이제 소장님이 필자를 무시할 수 없을 것이라는 생각이 들었다. 아직 성과 하나 나지 않았지만, 뭐라도 된 것 같았다. 이것저것 아는 척을 시작했다.

망둥이
소장님, 제가 투자를 좀 해 봤는데요.

망둥이 소장님, 요즘 전세 찾는 손님들이 조금 늘지 않았나요? 올해 입주가 없어서 그래요. 아마 앞으로 전세가 더 오를 것 같네요.

망둥이 ○○에서는 그렇게 거래를 안 하더라고요. 여기는 거래 방식이 특이하네요?

말할 때는 나름 우쭐했다. 어렵게만 느껴졌던 소장님에게 이렇게 이야기할 수 있다니 얼마나 짜릿했겠는가. 하지만 "알아알아" 병을 앓게 되면 곧 두 가지 문제에 봉착한다.

첫째, 나에게 필요한 정보를 제대로 얻을 수 없다. 소장님이 무언가 정보를 주려고 해도 상대에게 필요해야 하지 않은가? 이미 다 아는 것처럼 이야기한다면 소장님은 자잘한 사항에 대한 설명은 생략한다. 투자를 많이 해 본 투자자에게는 굳이 더 자세하게 설명할 이유가 없기 때문이다.

둘째, 곤경에 처했을 때 도와달라는 말을 하기가 어렵다. 부동산 거래를 할 때 모든 상황을 완벽하게 통제할 수는 없다. 뜻하지 않은 위기가 찾아온다. 이때 아는 척을 해 놓았다면 쉽사리 소장님에게 도와달라는 말을 할 수 있을까? 혼자 고민에 고민을 거듭하다가 쉽게 해결할 수 있는 타이밍을 놓치고 만다.

필자처럼 지식이 조금 쌓여서 "알아알아" 병에 걸린 사람도 있지만, 모르는 것을 숨기기 위해서 "알아알아"를 활용하는 사람도 있다.

이런 사람들은 잘 모른다고 하면 소장님에게 휘둘릴까 봐 걱정한다. 고민 끝에 악수를 두는 것이다.

차라리 처음부터 잘 모른다고, 부린이라고, 도와달라고 솔직하게 말하라. 궁금한 것은 마음에 담아 두지 말고 물어보라. 알아도 모르는 척, 수첩을 꺼내서 소장님의 한마디 한마디를 가장 소중한 정보라는 듯이 받아 적어라.

거듭 이야기하지만 사람은 사회적 동물이다. 누구나 중요한 사람이 되고 싶다. 누군가 도와달라고 했을 때 도움 요청을 받은 사람은 그 상황을 좌지우지할 수 있는 권력을 쥐게 된다. 당신이 도와달라고 하는 것은 소장님에게 기분 좋은 일이다. 도움 요청과 이야기를 받아 적는 행동만으로도 상대방의 위상을 높여 줄 수 있다.

우리는 초보라는 사실을 밝히고 도움을 요청하면 노련한 소장님이 우리 등에 칼을 꽂을 거라고 생각한다. 잘못된 생각이다. 소장님도 초보 시절이 있었다. 게다가 사람과 사람 사이를 연결하는 일을 한다. 직업 특성상 공감 능력이 떨어지는 사람은 중개업을 하기가 어렵다. 대부분 소장님은 도와달라는 말을 들으면 자기 일처럼 최선을 다해 애써 준다. 그것이 지금까지 힘이 약한 인류가 지구에서 살아남은 방식이 아닌가.

계약 관련 대화는 반드시 소장님을 통해서

부동산 거래를 하다 보면 다양한 일이 일어난다. 가계약금을 넣는 순간부터 잔금까지 일사천리로 물 흐르듯이 진행되는 것이 최선이지만, 언제나 생각처럼 쉽게 진행되지는 않는다. 계약은 사람과 사람 사이에 이루어진다. 매도인과 매수인은 사소한 사항부터 큰 문제까지 끊임없는 조율을 거친다. 이 과정에서 서로 마음이 상해 감정싸움을 하는 일도, 거래 상대방에게 읍소하는 일도 생긴다.

다행스러운 점은 문제가 생겼을 때 상대방과 직접 부딪칠 필요가 없다는 것이다. 우리에게는 중재해 줄 사람이 있다. 소장님이다. 아니 조금 더 정확하게 말하면, 소장님은 반드시 중재를 해 주어야만 한다. 그러려고 비싼 수수료를 지불하는 것이 아닌가?

매도인과 매수인은 서로 예민해질 대로 예민해져 있다. 벼랑 위에서 한 발 잘못 내디디면 재산상 심각한 손해가 발생할 수 있다. 이 와중에 서로 직접 연락해서 문제가 복잡해지면 감정만 상한다. 정제되지 않은 거친 말이 오가기 쉽다. 풀기가 더 어려워진다. 소장님을 통하면 다르다. 소장님이 알아서 톤을 조절해 준다. 상대방의 어려운 점도 대신 말해 준다. 중개 경험이 한두 번이겠는가? 경험에서 나오는 대안이나 해결책도 제시할 수 있다.

필자는 갈아타기를 하면서 곤욕을 치른 적이 있다. 필자에게 집을 매수하기로 한 매수인이 계약금 일부를 입금했다. 그런데 다음 날 소장님에게 연락이 왔다. 매수인이 자금 마련을 할 수 없게 되었다고 했다. 입금한 계약금을 돌려받고 싶다고 했다. 안타깝게도 필자 또한 갈아타기 목적으로 매매 계약을 하고 이미 받은 돈을 모두 입금한 상태였다.

소장님에게 사정을 이야기했다. 다시 전화가 왔다. 매수인이 소장님을 못 믿겠다고, 자기만큼 간절하지 않기 때문에 적극적이지 않은 것 같다며 필자와 직접 통화를 원한다는 것이었다. 아직 정식 계약서를 쓰지 않아 서로 전화번호를 모르는 상태였다. 필자가 매수인과 직접 연락할 필요는 없었다. 그러나 상대방의 마음도 이해되었다. 상황을 잘 설명하고 필자가 매매 계약을 위해 입금한 돈을 돌려받을 수 있는지 물어보겠다고 하면 매수인도 수긍하리라 생각했다. 고민하다가 연락처를 알려 주었다.

문제가 생겼다. 갈아타기를 하려고 한 집의 매도인은 필자에게 계약금을 돌려줄 생각이 없었다. 새롭게 집을 살 사람이 나타나지 않으면 돈을 한 푼도 돌려주지 않겠다는 것이었다. 그때부터 매수인은 필자에게 끊임없이 연락했다. 로펌, 소송, 판례 등을 언급하며 필자를 피곤하게 했다. 필자는 잘못한 것이 없음에도 큰 스트레스에 시달렸다.

결국 갈아탈 집을 중개한 부동산에서 다른 매수인을 구하며 겨우 계약금 일부를 돌려받았다. 필자의 집에 계약금 일부를 넣었던 매수인에게 한 푼도 남김없이 그대로 입금했다. 진절머리가 났다. 만약 소장님을 통했으면 필자가 마음고생할 일은 전혀 없었다. 배려하는 마음으로 했던 행동이 오히려 독이 된 것이다.

당신도 계약을 이행하다 보면 거래 상대방과 새롭게 조율해야 할 때가 있을 것이다. 만약 상대방이 당신에게 어떠한 사정을 말하며 연락한다 해도 직접 대응하지 마라. 소장님을 통해 이야기하겠다고 하라. 당신은 당근마켓에서 직거래를 하는 것이 아니다. 소장님에게 거금의 수수료를 주고 중개 거래를 하는 것이다. 그럼 조율과 협의 과정은 모두 소장님을 거쳐야 한다. 그것이 서로에게 더 좋은 길이다.

소장님에 대한 오해

부린이에게 소장님은 큰 도움을 받을 수 있는 고마운 존재다. 하지만 소장님이 부동산 만능키는 아니다. 우리가 소장님에게 지나치게 의존하면 어떤 실패 사례를 겪을 수 있는지 알아보자.

자본주의에는 감정이 없다

필자의 첫 임장지는 재개발 구역이었다. 첫 임장지는 곧 첫 투자처로 이름이 바뀌었다. 첫 번째 임장에서 바로 계약해 버렸기 때문이다. 물론 최초 임장 목적은 공부였다. 계약이 아니었다. 투자하려면 임장이라는 것을 해야 한다는데 도대체 어떻게 하는 것인지, 또 지역 분위기는 어떤지 탐색만 하려고 간 것이었다. 그럼에도 필자가 계약까지 진행하게 된 이유는 무엇일까?

첫째, 합리적인 판단을 흐리게 만드는 감정 때문이다. 소장님은 사양하지 말라며 직접 차에 태워서 재개발 구역 곳곳을 보여 주고, 시간을 들여 자세하게 브리핑해 주었다. 필자에게 많은 시간을 투자한 것에 고마운 마음이 드는 한편 미안하기도 했다. 필자가 계약하지 않으면 소장님은 오늘 헛수고를 한 것이라는 생각이 들었다.

공감이 지나쳤다. 소장님은 프로다. 프로의 세계에서는 아무리 노력했어도 성적이 나지 않으면 돈을 받을 수 없다. 프로야구에서 선수가 흘린 땀방울과 연봉은 비례하지 않는다. 다른 선수들보다 더 노력해도 성적이 나지 않으면 최저 연봉을 받거나 퇴출당하는 것이 프로의 세계다.

소장님은 계약을 체결하여 중개 수수료를 받기 위해 최선을 다한다. 우리는 우리에게 이익이 되는 계약을 하기 위해 최선을 다한다. 물론 소장님에게 고맙거나 미안한 마음 하나로 계약하는 사람은 없다. 서로 이해관계가 맞아떨어졌을 때 비로소 계약이라는 아웃풋이 도출된다. 하지만 꼭 애매한 순간에 어정쩡한 감정이 개입되는 것이 문제다. 최대한 합리성을 추구하려는 우리 뇌의 시스템을 잠깐 마비시킨다. **혹시 아주 조금이라도 고마움, 혹은 미안함이 계약에 영향을 준다면 반드시 후회할 일이 발생한다.**

둘째, '매진 임박'이라는 마법의 단어 때문이다. 임장을 마치고 부동산에 돌아오니 소장님이 오늘 급하게 나온 매물이 하나 있다고 소개해 주었다. 투자금은 많이 들지만 가격이 너무 좋다고, 지금 결정하지 않으면 금방 나갈 것 같다고 했다. 얼마를 투자할 수 있을지, 효율적인 투자인지 고민해 볼 새도 없었다. 가격이 싸다는 이야기에 생각이 꽂혔다. 그 어렵다는 급매를 필자가 잡을 수 있을 것만 같은 상황이었다. 망설이다 보면 다른 누군가가 채 갈 것 같았다. 덜컥 계약을 해 버렸다. 그리고 대가를 치렀다. 돈이 없어서 보유 중이던 주택을 싸게 처분해야 했다.

부동산에 갈 때는 임장이면 임장, 매수면 매수, 반드시 명확한 목적을 가져야 한다. 누구나 초보 때는 귀가 얇다. 소장님의 제안을 거절하기 어려운 시기이기도 하다. '매진 임박'이라는 마법의 단어를 들으면 부린이의 마음은 급해진다. 적어도 부동산에 두어 번 방문하고 덥석 계약하는 불상사는 막아야 한다. 소장님을 20번, 혹은 30번 만나기 전까지는 계약하지 않겠다고 기준을 세워라. 좋은 매물을 소개받아도 그것이 진짜 좋은 물건인지 판별할 능력이 아직은 없기 때문이다.

모든 투자는 철저한 계획과 통제 속에서 이루어져야 한다. 매일 수많은 사람이 부동산에 오간다. 하필 당신이 임장을 간 순간, 누구나 탐내는 물건이 당신 앞에 딱 떨어진다? 우주의 기운이 당신에게 왔다는 생각이 들 것이다. 아니다. 착각이다. 그럴 확률은 거의 없다.

투자하기 전 면밀하게 검토하라. 만약 검토 도중에 다른 사람이 먼저 계약한다면 그 매물은 원래 당신의 것이 아니라고 생각하라. **혹시라도 조급한 결정이 약간이라도 당신을 힘들게 만든다면, 아무리 많은 수익이 기대된다고 해도 투자할 만한 가치가 없다.**

일단 내 돈이 500만 원이라도 상대방의 통장에 들어가면, 그것은 더 이상 경험의 영역이 아니다. 생존의 영역이 된다. 매물이 아깝다고 생각하지 말자. 소장님을 30번 만나기 전에 제안받은 매물은, 혹여 그것이 정말 좋은 매물이라도 내 것이 아니라고 생각해야 한다.

자본주의에는 감정이 없다. 나는 초보니까, 부린이니까 봐줄 거라고 생각하지 말라. 상대방도 상대방의 사정이 있다. 계약은 계약서대로 이행된다.

소장님은 '투자' 전문가가 아니다

미국의 작가 로버트 그린Robert Greene은 인간이 확실성을 추구하는 욕구를 "정신이 겪는 가장 큰 질병"이라고 표현했다. 이 세상은 확실한 것이 없는 복잡계이다. 개별 구성 요소들이 서로 상호작용하며 예상한 것과는 전혀 다른 미래를 만들어 간다. 그럼에도 많은 부동산 초보가 확실성을 추구한다. 누군가에게 인증받고 싶어 한다. 부동산 거래 과정에서 소장님에게 의지하게 되는 것이다. 그러나 오직 소장님에게 의지하여 투자하는 것은 지양해야 한다. 그 이유는 다음과 같다.

첫째, 소장님은 부동산 중개인이지 투자자가 아니다. 부린이의 가장 큰 오해 중 하나는 소장님이 투자 전문가일 것이라고 지레짐작하는 것이다. 아예 틀린 말은 아니다. 소장님은 일선에서 누구보다 민감하게 부동산 정보를 받아들이는 사람이 아닌가.

하지만 필자는 넓은 시야로 다양한 지역에 투자하는 소장님도, 중개가 아닌 직접 매매 경험이 많은 소장님도 별로 보지 못했다. 심지어 소장님은 해당 지역 혹은 해당 단지의 이해 당사자다. 상황을 오판하는 일도 많다. 오죽하면 소장님이 "여기는 제가 오랫동안 중개해 왔지만 투자할 만한 곳이 아닙니다"라고 하면 매수 시그널이라는 우스갯소리가 있을까?

둘째, 소장님은 결과를 책임지지 않는다. 소장님에게 의지하여 투자하는 것은 개인의 자유다. 하지만 그것이 늘 좋은 결과를 가져다준다고 확신할 수는 없다. 당신이 소장님에게 오를 만한 매물이라는 말을 듣고 계약했다고 가정해 보자. 가격이 오른다면 소장님에게 이익을 나누어 주겠는가? 반대의 경우도 마찬가지다.

소장님은 거래 성사를 위해 최선을 다할 뿐이다. 소장님이 정말 좋은 마음으로 당신에게 진실한 의견을 주었다고 해도 그것이 정답이라고 할 수 있을까? 계약서에는 당신의 이름이 들어가고, 상대방의 통장에도 당신의 돈이 입금된다. 투자의 책임은 오롯이 당신이 진다.

셋째, 누군가에게 의지하는 마음으로는 투자 실력이 늘지 않는다. 투자는 그 무엇보다 시간의 마법이 크게 작용하는 영역이다. 『불변의 법칙』의 저자 모건 하우절Morgan Housel은 미국 주식 시장에서 보유 기간에 따른 수익률을 분석하며 "가장 알맞은 투자 기간"을 10년 이상이라고 했다. 부동산도 마찬가지다. 주식보다 급등락이 적기는 하지만, 주식처럼 단기 방향성은 예측할 수 없다. 즉, 단기적으로는 손실을 볼 수 있다는 뜻이다. 부동산 투자에서 수익을 얻으려면 10년 이상은 해야 한다. 부동산 투자로 성공하려면 평생을 해야 한다.

성공과 실패는 언제나 당신 주변에서 대기 중이다. 다만 평생 투자하려고 마음먹은 이상 투자에 성공하는 것도, 투자에 실패하는 것도 남이 아닌 나의 손에 의해 결정되어야 한다. 그래야 투자에 실패해도 배우는 것이 있고, 투자에 성공해도 그 경험치를 오롯이 가져갈 수 있다. 우리는 경제적·시간적으로 자유로워지고 싶어서 투자한다. 자유로워지고 싶어서 누군가에게 의존하는 것은 이율배반적이다.

부린이가 소장님에게 휘둘리는 방식

부린이는 거래 경험도 없고, 자신감도 부족하다. 노련한 소장님의 이야기를 거부하기가 쉽지 않다. 휘둘린다. '휘두르다'의 피동사인 '휘둘리다'라는 단어는 부정적이다. 상황을 주도하지 못한다는 말이다. 상황을 주도하지 못하는 사람은 부동산 거래에서 손해를 보기가 쉽다. 모두가 자신의 이익을 챙기고 난 후, 남는 것을 가져가야 하기 때문이다.

소장님 말만 믿다가 휘둘린다

필자는 신혼 때 대출을 받아 1억 9,000만 원에 전세살이를 했다.

1년 반 정도 지나자 2억 7,000만 원까지 전세가 뛰었다. 그리고 주변에 신도시 입주가 시작되었다. 호가가 크게 빠지지는 않았지만 거래가 안 되고 있었다. 문제는 그다음이었다. 임대인이 전세 연장 조건으로 무려 8,000만 원을 올려 달라고 하는 것이 아닌가?

임대인 입장에서는 임차인이 나가면 무조건 추가 비용이 들어간다. 소장님에게 중개 수수료를 지불해야 한다. 새로운 임차인이 수리를 요구하면 고쳐 줘야 할 수도 있다. 임대인은 이런 비용을 감안하여 기존 임차인에게는 약간의 인센티브를 준다. 시세 대비 1,000만~2,000만 원 저렴하게 재계약하는 것이 관례다. 그런데 필자의 임대인은 무슨 생각으로 그런 요구를 했을까?

망둥이

선생님, 요즘 ○○신도시 입주로 전세 물건이 안 나가고 있어요. 제가 부동산 몇 군데 알아보니 지금은 2억 7,000만 원에 거래가 안 된다고 해요.

아니, 부동산에서 2억 7,000만 원 받아 줄 수 있다고 전화가 왔던데…….

임대인

부동산 소장님이 임대인에게 전화해서 직전 거래 최고가를 받아 줄 수 있다고 부추겼던 것이다. 당시 필자는 청약 당첨 아파트 입주를 기다리는 중이었다. 2년만 더 살고 나가면 됐다. 그런 상황에서 이사하기가 애매했다. 물론 2,000만~3,000만 원 싸게 전세를 구할 수도 있었지만 저금리 상황이어서 이득은 적었다. 이사비와 중개비를 내면 손해였다. 무엇보다 이사가 귀찮았다.

이사를 나가기 싫었던 필자는 다른 부동산에 올라온 매물과 소장님의 의견을 정리해서 임대인에게 보냈다. 생각처럼 전세가 잘 안 나갈 수 있다고, 새로 계약할 경우 추가로 비용이 들어갈 수 있다고 이야기했다. 결국 월세 포함 적정 금액에 협의했다.

만약 필자가 이사를 결정했다면 임대인도 손해를 보는 상황이었다. 예상 가격보다 낮게 세를 주어야 했을 것이다. 중개 수수료까지 추가로 들었을 것이다. 그러나 임대인은 최고가를 받아 준다는 말을 믿었다. 별다른 의심을 하지 않았다. 소장님에게 휘둘렸다. 새로 임차인을 구했다면 임대인은 손해를 보았을 것이고 마음고생도 했을 것이다. 이런 상황에 대해 철저하게 분석하거나 알아보지 않았기 때문이다. 소장님 말만 믿었기 때문이다.

자본주의에서 자신의 재산은 스스로 책임져야 한다. 소장님은 자신의 이익을 위해 최선을 다해 영업할 뿐이다. 당신도 당신의 이익을 지켜야 한다. 당신 아닌 누구도 당신의 재산을 대신 책임져 주지 않는다. 소장님이 알아서 해 줄 것이라고 믿고 있으면 안 된다. 무엇이든지 스스로 알아보라. 그리고 스스로 판단하라.

상승장에서는 이렇게 휘둘린다

'부동산 가두리'에 대해 들어 본 적이 있는가? 가두리는 물고기를 가두어 키우다가 잡는 가두리 양식업에서 비롯된 말이다. 어감에서 유추할 수 있듯이 긍정적인 의미는 아니다. 소장님이 아파트 매매가를 자신이 생각하는 금액대 안에 가둔다는 것이다.

지역 부동산 카페에서는 가두리를 부동산 소장님 간의 집단 담합 행위라고 정의한다. 단기간에 매매가가 너무 오르면 매수를 포기하는 매수인이 늘어날 수밖에 없다. 그래서 소장님들끼리 가격이 일정 수준을 초과하지 않도록 담합한다는 것이다. 매물 가격을 누른다는 것이다. 하지만 담합은 불가능하다. 불법이니까. 게다가 실거래가와 호가가 인터넷에 실시간으로 공개되는 세상이다. 설령 시도한다 해도 성공할 수 없다. 모든 것이 열려 있는 부동산 시장에서 특정한 세력이 매물 가격을 누르는 행위는 불가능하다.

그럼 가두리는 존재하지 않는 것일까? 그렇다고 말할 수는 없다. 다만 의미가 조금 다르다. 얼마까지 받아야 한다고 계획적으로 호가를 낮추는 것이 아니다. 단지 계약을 따내기 위한 소장님의 기술 중 하나다. 보통 부동산 거래에서는 매수인이 매도인보다 유리하다. 특별한 경우가 아니라면 매수인은 나와 있는 매물 중에서 선택할 수 있기 때문이다. 그러다 보니 소장님은 매도인보다 희소한 매수인의 입맛을 맞춰 주고 싶다. 조금 더 저렴한 매물을 소개하고 싶다. 계약을 성사시키고 싶은 소장님의 욕망이 알게 모르게 손님과의 대화에 투영

되는 것뿐이다.

매도인과 매수인은 견우와 직녀다. 서로 만나고 싶어 하고 만나야 거래가 이루어지지만, 그들의 요구는 동떨어져 있다. 닿기가 힘들다. 결국 소장님은 오작교가 되어야 한다. 견우와 직녀를 한 발짝씩 앞으로 끌고 와야 한다. 매도인은 호가를 조금 낮추도록, 매수인은 조금 더 돈을 쓰도록 유도하는 것이다.

상승장이라고 가정해 보자. 단기간에 시세가 급등한 지역이 있다. 호가가 5억 원이었는데, 1억 원이 올랐다. 신규 매수인은 편안하게 매수할 수 있을까? 매수인에게는 아직 6억 원이라는 새로운 가격표가 낯설다. 눈높이는 여전히 5억 원에 맞추어져 있다. 부담스럽다.

물론 매수인이 패닉 바잉Panic Buying(집값이 오르는 것을 본 시장 참여자들이 비싼 가격에도 비이성적으로 매수에 나서는 현상)에 참여할 수도 있다. 하지만 일반적으로 매수인이 더 높은 가격에 적응하려면 충분한 시간이 필요하다. 더 높은 가격을 지불할 수 있는 사람의 수도 제한되어 있다. 오작교를 만들려고 하는데 견우가 자꾸 뒷걸음질을 친다? 거래 성사가 어려워진다. 소장님 입장에서는 매매가가 급상승하는 것이 부담스럽다. 그래서 두 가지 방법으로 견우(매도인)를 앞으로 끌고 오려고 한다.

첫째, 시장 상황이나 매물 개별성을 언급하며 호가를 낮춘다. 많은 매도인이 매물을 내놓기 전에 소장님의 의견을 묻는다. 그때 진짜 본인의 판단보다 낮은 금액을 이야기하는 것이다. 호가를 정해서 내놓는 매도인에게는 최근 부동산 분위기와 실거래가에 대해 언급한다.

물론 좋지 않은 쪽으로. 그렇게 가격을 낮추도록 유도한다.

사실 시세라는 말은 참 애매한 표현이다. 실거래가가 시세인지, 최저 호가가 시세인지, 거래 가능 금액이 시세인지 확실한 정의가 없다. 실거래가, 호가는 오픈되어 있어도 층, 동, 향, 컨디션이 제각각이다. 정확한 비교가 불가능하다.

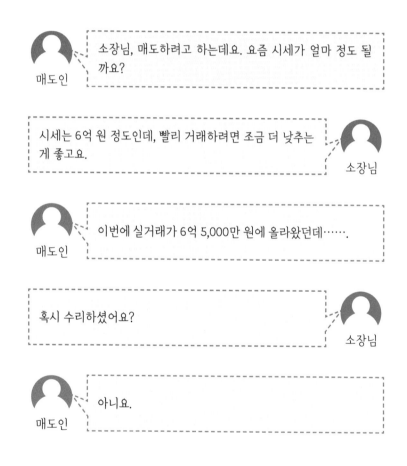

매도인: 소장님, 매도하려고 하는데요. 요즘 시세가 얼마 정도 될까요?

소장님: 시세는 6억 원 정도인데, 빨리 거래하려면 조금 더 낮추는 게 좋고요.

매도인: 이번에 실거래가 6억 5,000만 원에 올라왔던데…….

소장님: 혹시 수리하셨어요?

매도인: 아니요.

거래 가능 금액은 소장님 개인 의견일 뿐이다. 하지만 제대로 알아보지 않은 매도인은 시장가 대비 낮은 가격에 매물을 내놓는다. 평소 부동산에 관심을 두지 않았다면 소장님 말에 의지할 수밖에 없다.

둘째, 실거래가 신고를 미룬다. 요즘처럼 정보가 오픈된 환경의 매도인들은 실거래가에 민감하다. 실거래가가 갑자기 5,000만 원 높게 찍힌다? 너도나도 호가를 올린다. 단기간에 호가가 오르면 거래가 어렵다. 소장님에게는 긴급 상황이다. 최대한 실거래가 신고를 뒤로 미루는 것이 좋다. 법적으로 실거래가 신고는 매매 계약을 체결한 날로부터 30일 안에 해야 한다. 30일을 꽉 채우고 신고하는 방법으로 정보 공개를 늦춘다.

상승장에서 소장님에게 휘둘리는 이유는 부동산에 관심이 없기 때문이다. 아니면 알아보려는 노력이 부족하거나. 조금만 신경 쓰면 대비할 수 있다. 지역 부동산 카페나 〈호갱노노〉 〈아실〉, 네이버 부동산만 며칠 꾸준히 봐도 감이 온다. 몇 군데 부동산에 전화해서 시세를 물어보고 참고해도 된다. 문제는 하락장이다.

하락장에서는 이렇게 휘둘린다

소장님

사장님, 집 8억 원에 내놓으셨죠? 그 가격대로 받으실 예정이세요?

아… 7억 7,000만 원까지는 생각하고 있어요.

매도인

소장님

요즘 뉴스 봐서 아시겠지만, 지금 가격으로는 거래 안 돼요. 아직 실거래가가 올라가지는 않았는데, 얼마 전에 7억 원짜리 계약이 됐어요. 그리고 현재 매물 중에서도 옆 아파트 전망 나오는 집이 7억 5,000만 원에 나와 있어요.

그럼, 얼마 정도면 거래가 가능할까요?

매도인

소장님

7억 원짜리 찾는 분이 있는데 사장님 댁은 수리도 잘되어 있으니까, 제가 7억 3,000만 원까지는 줘야 하지 않겠냐고 이야기 한번 잘해 볼게요.

하락장에 소장님에게 휘둘리는 것은 관심과 노력의 문제가 아니다. 환경의 문제다. 매도는 안 되고, 여기저기 사정 있는 물건들이 경쟁적으로 가격을 낮춘다. 연일 뉴스에서는 집값이 떨어진다고 한다. 네이버 부동산만 보아도 매물은 널려 있다. 호가는 계속 내려간다. 매도인에게 특별한 사정마저 있다면 거부할 수 없는 유혹이다.

소장님이 이렇게 가격을 내린다고 마냥 원망만 할 수도 없는 노릇이다. 매수인과 매도인의 합의점을 찾는 것이 소장님의 역할이다. 하락장에서는 매수인이 드물다. 소장님도 차가운 시장에서 거래를 만들려면 어쩔 수 없다. 매도인을 극단적으로 끌고 내려와 매수인의 요구에 맞춰야 한다.

시장이 더욱 침체되면 소장님의 요구는 집요해진다. 하락장에서는 매수 희망가를 분명하게 제시하지 않는다. 그저 손님이 있는데 얼마까지 깎아 줄 수 있냐고 묻는다. 부린이 입장에서는 고민이 된다. 너무 조금 깎으면 손님이 안 올 것 같고, 너무 많이 깎으면 손해를 볼 것 같다. 고민을 거듭하다가 소장님에게 조정 가능 금액을 이야기한다.

반전은 손님이 없다는 것이다. 정말 매수인이 있고, 조금이라도 우리 집을 살 마음이 있다면 먼저 집을 보러 온다고 할 것이다. 아니면 ○억 원에 팔 수 있냐고 물어볼 것이다. 소장님은 손님이 너무 없으니 매도 가격을 낮춰서 매수인의 방문을 유도하고 싶은 것이다. 실제로는 마음 급한 매도인들을 떠보는 전화다.

다시 말하지만, 가격을 내려도 매수인은 가계약금을 보내지 않는다. 애초에 없었으니까. 소장님은 이런저런 핑계를 대며 다음에 손님을 연결해 준다고 할 것이다. 이제 소장님은 마음속으로 당신이 ○억 원까지 조절 가능한 사람이라고 기준을 잡는다. 문제는 매도인 자신도 기준점이 내려간다는 것이다.

갑자기 2억 5,000만 원에서 5,000만 원을 깎아 달라고 하면 매도인 마음에서는 저항이 생긴다. 피 같은 재산을 5,000만 원이나 깎아 달라니, 어림도 없다. 그런데 이미 2억 2,000만 원까지 깎아 준다고 했다면 이야기가 다르다. 매수인이 정말 나타났을 때 소장님은 2억 2,000만 원까지 가능한 집이라고 브리핑할 것이다. 매수인은 만족할까? 아니다. 2억 원까지 깎는다. 2억 5,000만 원을 2억 원으로 깎으면 5,000만 원이 떨어지지만, 2억 2,000만 원에서는 겨우 2,000만 원이 떨어지는 셈이다. 매도인의 심리적 저항감도 줄어든다.

열에 하나 실제로 손님이 있을 수도 있다. 하지만 매도인 입장에서는 본 적도 없는 손님이 실제 집을 살 생각이 있는지, 원하는 가격이 얼마인지 알 길이 없다. 아무런 정보도 얻지 못했다. 반면에 상대에게는 가격을 포함해 급한 마음까지 자신의 모든 정보를 알려 주는 꼴이 된다. 매수인에게 한도 끝도 없이 끌려다니게 된다. 협상력을 전혀 발휘할 수 없다.

소장님이 짜 놓은 프레임에 끌려갈 필요가 없다. 가격 협상은 실체가 있는 매수인과 하는 것이다.

소장님

사장님, 매물 찾으시는 손님이 계세요. 가격 조정은 얼마까지 생각하세요?

소장님, 매수인분은 얼마까지 생각하신대요?

매도인

소장님

아, 정확한 금액보다 그냥 저렴한 거 찾으시는데… 가격이 맞으면 브리핑하려고요.

소장님, 손님 먼저 집에 모시고 와 주세요. 저는 협의할 마음이 있는데, 협의를 해도 매수인분이 집이 마음에 안 드실 수 있잖아요. 집을 사고 싶다고 하시면 그때 협의해도 되지 않을까요?

매도인

소장님

네, 그럴게요.

협상에서 정보는 힘이다. 중요한 정보(조정 가능 가격)를 미리 알려 주지 말라. 대신에 매수인에게 집을 먼저 보여 주고 싶다고 이야기하라. 협상할 마음이 있다는 것을 전하라. **매수인이 집을 보고 나서 원하는 가격을 부른다면 매도인은 두 가지 확실한 정보를 얻게 된다. 첫째, 적어도 매수인이 집을 살 생각이 있다는 것. 둘째, 매수인이 원하는 가격.** 그래야 공평하다. 최소한의 협상력을 갖추고 협상 테이블에 앉을 수 있다.

문제는 소장님이 아니다

사실 당신이 휘둘리는 것을 소장님 탓만 할 수는 없다. 근본적인 원인은 가두리가 아니다. 소장님이 아니다. 당신 자신이다. 이런 순간에 흔들리지 않도록 처음부터 환경이 세팅되어 있어야 한다. 급한 사정을 만들지 않아야 한다. 아무리 팔고자 하는 목표 금액이 확고해도 마음이 흔들리면 그 가격에 팔 수 없다. 하락장에서는 소장님의 설득을 버텨 내기가 쉽지 않기 때문이다.

반면에 소장님에게 휘둘리는 매수인은 시세보다 비싸게 매수하게 된다. 매수인에게 어려운 시기는 상승장이다. 하락장에서 매수하는 매수인은 특별히 걱정할 것이 없다. 일단 사고 싶은 마음이 별로 없으니까. 소장님도 당신이 사고 싶은 마음이 없다는 것을 안다. 하락장 난리 통에 누가 열정적으로 집을 사고 싶겠는가. 매수인 눈치를 보며 원하는 가격에 맞춰 주려고 한다. 매수인 한 명 한 명이 아쉽다.

상승장은 다르다. 시장에 매도인은 적고 매수인은 넘쳐 난다. 매수인의 마음이 급하기 마련이다. 소장님의 한마디 한마디에 마음이 흔들린다.

매수인

소장님, 집은 좋은데 저희 예산보다 가격이 너무 비싸서요. 조금 고민해 볼게요.

> 손님, 이만한 물건 이제 안 나와요. 더 오르기 전에 사세요. 몇 개월 전에 결정 못하고 가신 손님들 '그때 그냥 살걸' 하고 다 후회하셨어요.
>
> 소장님

시장이 뜨거우니 매수인은 불안하다. '그때 그냥 살걸' 하고 후회하는 바보가 되지는 않을지 고민한다. **매수인이 이렇게 소장님에게 휘둘리는 이유는 매수자 우위 시장**(집을 사려는 사람이 없어 매수인이 유리하게 계약할 수 있음)**에서 사지 못했기 때문이다. 매도인은 매도자 우위 시장**(집을 팔려는 사람이 없어 매도인이 유리하게 계약할 수 있음)**에서 팔지 못했기 때문이다.** 결국 매도자 우위 시장에서 매도하고, 매수자 우위 시장에서 매수한다면 소장님에게 휘둘릴 이유가 없다.

다른 관점에서 생각해 보자. 시장에 사려는 사람이 없는데 나 혼자 매수하러 간다. 팔려는 사람이 없는데 내가 적당한 가격에 매도한다. 이때 나는 소장님에게 얼마나 귀한 손님이 될까? 당당하게 이야기하자.

(매도자 우위 시장에서)

> 매도인
>
> 소장님, 매물 의뢰 드립니다. ○억 원에 매물 올려 주세요. 가격 조정은 어렵습니다.

매수인

소장님, 저는 예산이 ◯억 원밖에 없어요. 혹시 이 가격에 매도할 분이 계시는지 한번 찾아봐 주시겠어요?

또 한 가지, 소장님이 거래를 재촉할 때가 있다. 이상하게 자꾸 빨리 계좌를 달라고 하고, 빨리 계약금을 넣으라고 한다. 하지만 자본주의에서 누군가가 나에게 거래를 재촉할 때는 다 이유가 있다.

물론 소장님이 정말 좋은 물건이라 밀어붙이는 것일 수도 있다. 본인 스스로 판단할 수 있다면 계약하는 것이 좋을 것이다. 이유를 잘 모르겠다면 반드시 숙고하는 시간을 가져야 한다. 이유를 찾아봐야 한다. 그 과정을 생략하기 때문에 소장님에게 휘둘리는 것이다.

CHAPTER 3

작은 돈 아끼는 방법

부동산 계약에는 큰돈이 들어가는 만큼 각종 수수료도 비싸다.
중개 수수료를 비롯하여 부동산과 관련된 기타 수수료는
어떻게 협의하는 것이 좋은지 알아보도록 하자.

현명한 중개 수수료 협의 방법

필자는 계약할 때 대부분 법정 수수료 상한액을 지불한다. 소장님의 역할로 인해 이익을 보았을 때는 일정 부분 추가 수수료를 드린다. 소장님이 급매를 소개해 주었거나, 금액을 조정하는 데 도움을 주었다면 약간의 파이를 떼어 함께 나누는 것이다. 결국에는 수수료 몇십만 원 아끼는 것보다 거래에서 몇백만 원, 몇천만 원의 이득을 얻는 것이 훨씬 낫다는 것을 알고 있기 때문이다.

하지만 모두가 필자처럼 부동산 거래를 자주 하지는 않는다. 매번 거래에서 이득을 얻을 수 있는 것도 아니다. 중개 수수료는 한 번 거래에서 웬만한 사람의 월급만큼 나간다. 한 푼이 아까울 수 있다. 이럴 경우 중개 수수료 협의 방법을 고민해 볼 필요가 있다.

중개 수수료 계산법

소장님은 부동산 계약을 체결하고 중개 수수료를 받는다. 다른 말로 '복비' 또는 '중개비'라고도 한다. 소장님이 받고 싶은 대로 받는 것은 아니다. 법으로 정해 놓은 상한 요율이 있다. **중개 수수료는 상한 요율 안에서 중개 의뢰인과 소장님이 협의하여 결정한다.**

▷ 서울시 부동산 중개보수 요율(주택)

거래 내용	거래 금액	상한 요율	한도액
매매·교환	5,000만 원 미만	1,000분의 6	25만 원
	5,000만 원 이상~2억 원 미만	1,000분의 5	80만 원
	2억 원 이상~9억 원 미만	1,000분의 4	없음
	9억 원 이상~12억 원 미만	1,000분의 5	없음
	12억 원 이상~15억 원 미만	1,000분의 6	없음
	15억 원 이상	1,000분의 7	없음
임대차 등 (매매·교환 이외)	5,000만 원 미만	1,000분의 5	20만 원
	5,000만 원 이상~1억 원 미만	1,000분의 4	30만 원
	1억 원 이상~6억 원 미만	1,000분의 3	없음
	6억 원 이상~12억 원 미만	1,000분의 4	없음
	12억 원 이상~15억 원 미만	1,000분의 5	없음
	15억 원 이상	1,000분의 6	없음

자료: 서울 부동산 정보 광장

만약 3억 원 아파트에 대한 매매 계약을 체결했다면 상한 요율은 1,000분의 4다. 수수료는 최대 120만 원(3억 원 × 4/1,000)이다. 임대차 계약에서는 어떨까? 전세 보증금 3억 원에 계약을 체결했다면 수수료율은 1,000분의 3이다. 수수료는 최대 90만 원(3억 원 × 3/1,000)이 된다. 다만 120만 원, 90만 원은 확정 수수료가 아니다. 상한액이다. 거래액이 3억 원일 때 매매는 120만 원, 전세는 90만 원이 우리가 지불하는 최대 중개 수수료라는 것이다.

매매 기준 2억 원 미만, 임대차 기준 1억 원 미만 거래처럼 한도액이 있는 경우는 셈법이 조금 다르다. 상한 요율로 계산한 금액과 한도액 중 낮은 것을 상한액으로 정한다. 1억 8,000만 원은 상한 요율로 계산하면 최대 90만 원(1억 8,000만 원 × 5/1,000)이지만, 한도액은 80만 원이다. 따라서 80만 원이 상한액이 된다.

부가가치세(재화나 용역에 부가된 가치에 매기는 세금)는 요율과 별개로 따로 부과된다. 거래한 부동산의 연간 매출액이 4,800만 원을 넘는다면 일반과세자다. 협의 수수료의 10퍼센트를 더 내야 한다. 연간 매출액이 4,800만 원 미만이라면 간이과세자다. 협의 수수료의 3퍼센트만 추가로 내면 된다. 수수료가 100만 원일 때 소장님이 일반과세자일 경우 10만 원을, 간이과세자일 경우 3만 원을 더 내는 것이다. 소장님이 일반과세자인지 간이과세자인지는 부동산에 걸려 있는 사업자등록증에서 확인할 수 있다.

수수료 계산법을 외울 필요는 없다. 네이버 〈부동산 중개보수 계산기〉나 〈부동산 계산기〉 앱을 사용하면 바로 중개보수를 계산해 준다.

▷ 네이버 〈부동산 중개보수 계산기〉　　　　▷ 〈부동산 계산기〉 앱

　　주의할 점이 있다. 네이버 〈부동산 중개보수 계산기〉는 부가세가 포함되지 않는다. 〈부동산 계산기〉 앱은 부가세까지 함께 계산해 준다. 필자는 〈부동산 계산기〉 앱을 활용하여 계산하는 편이다.

　　한편 중개 수수료는 필요경비로 인정받을 수 있다(부동산을 살 때 필요한 경비는 추후 양도세에서 공제한다). **필요경비만큼 양도 차익이 줄어든다. 양도소득세를 납부할 때 유리하다.** 절세 효과를 볼 수 있는 것이다. 대부분 소장님이 알아서 발급해 준다. 현금 영수증에 대한 언급이 없다면, 현금 영수증을 발급해 달라고 요청하자. 현금 영수증이 없으면 필요경비로 인정받지 못한다.

분양권 중개 수수료는 계산법이 다르다?

주택 거래 못지않게 많이 하는 것이 분양권 거래다. 그런데 분양권은 주택이 아니다. 권리다. 중개 수수료 계산법이 주택과는 조금 다르다.

분양권 거래 금액: 거래 당시까지 불입한 금액(융자 포함) + 프리미엄

서울특별시 부동산 중개보수 요율에 따르면, 매도인이 거래 당시까지 불입한 금액(융자 포함)에 프리미엄을 더한 것을 분양권 거래 금액으로 정하고 있다. 아래와 같은 조건의 분양권을 매매한다고 가정해 보자.

분양가	계약금(10%)	중도금(60%)	잔금(30%)
5억 원	5,000만 원	4,000만 원 × 6회차 = 3억 원	1억 5,000만 원

분양가는 5억 원이지만 중개 수수료는 총액 기준으로 따지지 않는다. 중도금 대출 여부에 상관없이 불입한 금액과 프리미엄을 더해 계산한다. 이를 풀어 보면 다음과 같다(실제로는 발코니 확장 계약금도 들어가야 한다).

계약금 + 중도금(대출 상관없이) + 프리미엄 = 분양권 거래 금액

예시	계약금	중도금	프리미엄	분양권 거래 금액
1	5,000만 원	없음	5,000만 원	1억 원
2	5,000만 원	5,000만 원 (1회차 납부)	5,000만 원	1억 5,000만 원
3	5,000만 원	2억 원 (4회차 납부)	1억 원	3억 5,000만 원

이제 다시 128쪽의 요율표로 눈을 돌려 보자. 1번 예시라면 1억 원에 1,000분의 5를 곱한다. 50만 원이다. 2번 예시라면 75만 원이다. 3번 예시라면 3억 5,000만 원에 1,000분의 4를 곱한다. 120만 원이 되겠다. 하지만 분양권 거래를 할 때 소장님은 다른 요구를 한다.

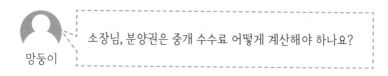

망둥이: 소장님, 분양권은 중개 수수료 어떻게 계산해야 하나요?

소장님: 사장님, 분양권은 정액으로 수수료를 주셔야 해요. 여기는 200만 원 정액이에요.

분양가가 비싼 서울·수도권에서는 200만 원에서 500만 원까지, 저렴한 지방에서는 100만 원에서 200만 원까지 정액으로 요구하는 사례가 많다. 같은 지역의 다른 부동산에 알아봐도 대부분 사정은 비슷하다. 이는 분명히 수수료 요율을 넘어서는 요구다. **법정 수수료 이상으로 지불한 수수료는 필요경비로 인정받지도 못한다.**

분양가 자체가 저렴하거나, 아직 중도금이 얼마 들어가 있지 않거나, 프리미엄 형성이 되지 않은 경우 수수료가 너무 적기 때문에 생긴 관례가 아닐지 추측만 할 뿐이다. 분양권은 매매 대금 계산법만 조금 복잡할 뿐 집을 보여 줄 필요가 없다. 이사 관련한 세세한 조건을 조율할 필요도 없다. 분양 사무실에서 명의변경하고, 은행에서 중도금 대출 승계만 도와주면 된다. 중개할 때 실물 아파트에 비해 특별히 어려운 점이 없는 것이다.

일부 소장님은 아파트 건설 현장 부근에 부동산 사무실을 연다. 공사가 끝난 다음 입주할 때까지 분양권 거래만 전문적으로 한다. 그리고 아파트 입주가 끝나면 다른 현장으로 옮겨 가서 동일한 방식으로 영업한다. 분양권 거래를 통해 쉽게 돈을 벌 수 있기 때문은 아닐까? 바뀌어야 할 부분이라고 생각한다.

중개 수수료 지급 기준 시점

중개 수수료는 계약서 작성을 기준으로 지급 여부가 결정된다. 계약서를 작성하고 인감도장을 찍었다면 소장님에게 중개 수수료를 지불해야 한다. 반대로 생각하면 계약서를 쓰기 전까지는 중개 수수료를 지불해야 할 의무가 없다는 의미이기도 하다.

부동산 거래에서 가계약금은 본계약 전까지 자신의 우선권을 주장하는 표시다. 일반적으로 계약서를 쓰기 전에 가계약금을 먼저 입금한다. 중개 수수료 지급은 계약서 작성이 기준이라고 했다. **가계약금만 입금된 상태에서 계약이 파기되면 소장님은 중개 수수료를 받을 수 없다.**

계약서를 쓰고 나면 중개 의뢰인은 소장님에게 수수료를 지불해야 한다. 물론 소장님의 잘못으로 계약이 틀어졌다면 수수료를 내지 않아도 된다. 하지만 계약 취소는 대부분 매도인 혹은 매수인의 사정이나 변심, 귀책 때문에 발생한다. **이때는 매도인과 매수인 양쪽 모두 수수료 지급의 의무가 있다.**

매도인과 매수인 중 계약 취소의 책임이 누구에게 있는지는 따질 필요가 없다. 매도인이 변심해서 계약이 틀어졌다고 해도 매도인, 매수인 양쪽 모두 중개 수수료를 내야 한다. 매수인에게 귀책사유가 있어서 계약이 어그러져도 매도인, 매수인 양쪽 모두 중개 수수료를 내야 한다. 가능하면 계약이 틀어지지 않도록 사전에 여러 상황을 검토하고 계약서에 도장을 찍어야 하는 이유다(물론 협의는 가능하며, 소장님도 끝까지 서비스를 한 것이 아니기 때문에 깎아 줄 마음은 있다).

중개 수수료 지급 시점 역시 소장님과 의뢰인 간의 협의에 따른다. 단, 사전에 협의하지 않았을 경우 거래 대금 지급이 완료된 날이 수수료 지급일이 된다. 다시 말해, 잔금일이 곧 수수료 지급일이다.

가끔 계약일에 수수료를 달라는 소장님도 있다. 이럴 때는 잔금일에 드리겠다고 하라. **필자는 어떤 서비스 계약을 하든 수수료는 서비스가 모두 종료된 후에 지급하는 편이다.** 수수료 입금 후 서비스를 제대로 받지 못한 적이 있기 때문이다. 대다수의 소장님은 수수료 입금과 상관없이 끝까지 책임을 다한다. 하지만 그렇지 않은 소장님도 분명히 존재한다. 하필 그분이 수수료를 먼저 달라는 눈앞의 소장님과 동일 인물일 가능성을 배제할 수 없다.

중개 수수료 협의, 언제 해야 할까?

중개 수수료는 법정 중개보수 요율 안에서 '협의'하여 결정한다. 그런데 협의라는 말은 누가 칼자루를 쥐고 있느냐에 따라 힘의 뉘앙스가 달라진다. 주로 시기의 문제다. **의뢰인이 칼자루를 쥐는 시기는 계약 체결 전이다.**

공동 중개보다 단독 중개 상황일 때 수수료 조정의 여지가 크다

소장님은 단독 중개가 가능하다면 양쪽에서 중개료를 받는다. 마음이 넉넉해진다. 수수료를 조금 깎아 주더라도 어떻게든 손님을 잡으려고 한다. 매수인 입장에서는 매물을 지닌 원부동산 소장님과 거래해야 하는 이유가 하나 더 추가되는 셈이다.

소장님은 거래 전에 굳이 중개 수수료 이야기를 꺼내지 않는다. 바로 돈 이야기를 하는 것은 속물처럼 비칠 수 있어 조심스럽다. 괜히 이야기했다가 깎아 달라는 소리를 들으면 난감하다. 깎아 달라는데 마냥 안 깎아 준다고 하기도 어렵다. 잠재적인 경쟁자(다른 부동산)가 많기 때문이다. 그러다가 손님이 다른 부동산으로 가 버린다면?

국제 협상 전문가 허브 코웬Herb Cohen은 저서 『허브 코웬의 협상의 기술』에서 소비자가 서비스 가격을 깎기 위해서는 인식의 전환이 필요하다고 이야기한다. 서비스를 사러 간 것이 아니라, 반대로 돈을 팔러 갔다고 생각하라는 것이다. 당신의 돈을 사겠다는 서비스 제공자가 많을수록 돈의 가치는 올라간다. 더 적은 돈으로 동일한 서비스를 이용할 수 있다. 서비스 제공자가 당신의 돈을 간절히 원하게 하려면 경쟁자를 만드는 방법이 가장 효과적이다.

소장님이 수수료에 대해 언급하지 않는다고 해서 당신도 가만히 있으면 안 된다. 경쟁자를 끌어들일 수 있을 때 활용해야 한다. **조금이라도 수수료를 아끼고 싶다면 계약 전에 수수료를 협의하라.** 시장에는 많은 부동산이 있다. 덕분에 특수한 상황이 아니라면 매수 의뢰인은 대체로 소장님을 골라서 거래할 수 있다.

아주 살짝 경쟁자를 언급하기만 해도 소장님은 긴장할 수밖에 없다. 수수료를 법정 상한선까지 받겠다고 고집부리다가 확실히 살 것 같은 의뢰인을 놓칠 수도 있다. **소장님은 의뢰인을 놓치기보다는 수수료를 깎아 주는 길을 선택할 것이다.**

매수인

소장님, 그런데 중개 수수료는 얼마를 드려야 할까요?

소장님

아, 저희는 법정 수수료만큼만 받아요(다 받겠다는 뜻).

매수인

조금 전에 다녀온 부동산에서는 협의해 준다고 하시던데…….

소장님

얼마나요?

분양권도 마찬가지다. 우리는 정액이라고 하면 가격 조정이 어렵다고 생각한다. 소장님이 마음대로 정한 기준일 뿐이다. 분양권을 한 군데 부동산에만 내놓는 경우는 많지 않다. **마음에 드는 분양권이 있다면 여기저기 전화해 보자. 경쟁 부동산을 만드는 작업이다.** 그리고 다른 부동산을 언급하면서 협의하면 된다. 과연 소장님은 중개를 포기할까? 아니면 수수료를 협의해 줄까?

계약 체결 후에는 소장님이 칼자루를 쥐는 것이 일반적이다. 사실

이미 제공된 서비스는 더 이상 예전의 가치를 갖지 못한다. 소비자가 협의하기에 불리한 상황은 아니다. 그러나 계약 체결 후 소장님은 어떻게 해서든 최대한의 가격을 받기 위해 노련하게 밀어붙인다. 부린이는 경험이 부족하다. 집을 거래하며 분란을 만들기도 싫다.

많은 소장님이 부동산 거래에서 자연스럽게 법정 수수료 상한액을 요구한다. 심지어 법정 수수료 상한액을 법정 수수료라고 당당하게 주장하는 소장님도 있다. 거래 전이라면 다른 부동산에 가면 된다. 거래 후라면 문제가 발생한다. 기분 좋게 부동산 거래를 하고도 분쟁의 씨앗을 남겨 놓기보다는 처음부터 명확하게 선을 긋고 가자. 그 편이 서로 깔끔하다. **내가 협상에 자신이 없다면 수수료와 관련한 모든 협의는 시장에서 다른 경쟁자**(다른 부동산)**를 선택할 수 있을 때 마무리 짓는 것이 좋다.**

부동산 거래에 익숙하지 않은 초보는 이를 깊게 생각하지 않는다. 유교 전통이 살아 있는 대한민국 사회에서 처음부터 돈 이야기를 꺼내는 것은 어색한 일이다. 손님도 소장님과 마찬가지로 속물처럼 보이는 것이 싫다. 나중에 어떻게든 잘 협의될 거라는 희망 회로를 돌린다. 결국 다음과 같은 상황에 이르게 된다.

부린이

소장님, 감사합니다. 덕분에 거래 잘 마쳤습니다. 중개 수수료는 얼마를 드려야 할까요?

고생 많으셨어요. 3억 원에 매수하셨으니까 법정 수수료율 1,000분의 4입니다. 120만 원에 부가세 10퍼센트 추가해서 132만 원 주시면 됩니다.

소장님

부린이

법정 수수료율은 상한액으로 알고 있는데… 조금만 깎아 주시면 안 될까요?

이 동네에서는 원래 다 그렇게 받아요. 아이참, 원래 다 받아야 하는데… 특별히 10만 원 빼 드릴게요.

소장님

부린이

네… 감사합니다.

　그렇다. 초보에게 '원래'는 법을 초월하는 마법의 단어다. 이 말을 듣는 순간 법은 유명무실해진다. 기존의 모든 현상이 정당화되기 때문이다. 사회 어느 곳에나 암묵적인 룰이 있기 마련이다. 상대가 관례를 언급하면 아무것도 모르는 자신이 어디선가 굴러 들어와 그것을 뒤흔들고 있다는 느낌을 받는다. 인간은 사회적 동물이다. 집단에서 허용되는 일을 할 때 긍정적인 감정이 생긴다. 반사회적인 행동을 했을 때 불쾌한 감정이 생긴다. 부린이는 그 감정을 참기 힘들다. 불편함을 느낀다. 결국 10만 원 조정도 감지덕지라고 받아들이게 된다.

수수료 협의 시점보다 중요한 것

수수료를 깎을 때 협의 시점보다 중요한 것이 있다. 바로 계약 시점이다. 손뼉도 마주쳐야 소리가 난다. 부동산 거래 또한 매도인과 매수인이 있어야 가능하다. 하지만 늘 매도인 열 명과 매수인 열 명이 균형을 이루며 평화롭게 거래하는 것은 아니다. 쏠림 현상이 강할 때가 많다. 이처럼 시장이 쏠려 있을 때 소장님은 거래 성사를 위해 어느 한쪽에 아쉬운 소리를 해야 한다.

특정 지역 부동산 시장에 매도인은 많고, 매수인은 적다고 가정해 보자. 당연히 소장님은 매수인의 수수료 인하 요구를 더 쉽게 받아들일 것이다. 계약 성사를 하려면 매수인이 꼭 필요하기 때문이다. 매수인은 많은데 매물이 별로 없으면 어떨까? 소장님은 매수인의 수수료 조정 요구를 받아들일 필요가 없다. 다른 부동산을 알아보라고 할 것이다.

매도인도 마찬가지다. 시장에 매물이 별로 없으면 처음 매물을 내놓을 때부터 소장님과 수수료 협상이 가능하다. 수수료를 낮게 지불하겠다고 해도 시장에 매물이 부족하니, 소장님 입장에서는 선택의 여지가 없다. 다만 매도인이 극단적으로 우위에 있는 시장은 그 기간이 길지 않다. 웬만한 시장 상황에서는 매물이 늘 대기 중이기 때문이다. 빨리 매도하고자 한다면 오히려 추가 중개 수수료를 약속하는 편이 현명하다.

필자는 부동산 수수료를 하나도 내지 않는 전세 계약을 제안받은 적이 있다. 전세 매물을 구해 들어가야 하는 입장이었다. 전세를 구하는 지역이 신축 아파트 입주장(신축 아파트가 입주하면서 입주 매물이 쏟아지는 시장)이어서 매물은 넘치고 손님은 드물었다. 소장님과 매물을 보았다. 마음에 드는 물건이 없었다. 다른 부동산으로 갔다. 그런데 그날 오후 소장님에게 전화가 왔다.

소장님

사장님, 제가 다시 매물을 찾아볼 테니까 부동산에 한 번 더 들러 주세요. 대신 사장님께는 수수료 안 받을게요.

네? 중개 수수료를 안 받으신다고요?

망둥이

소장님

제가 임대인 쪽에서만 수수료를 받으려고 해요. 최대한 매물 찾아 드릴게요. 저희 부동산에서 계약하세요.

임차인인 필자에게는 수수료를 안 받을 테니 자신의 부동산에서 계약하자는 제안이었다. 수요와 공급의 균형이 깨진 상황이라 소장님은 임차인인 필자에게 받을 수 있는 수수료를 포기한 것이다. 아쉽게도 다른 부동산의 매물 조건이 더 좋아서 계약까지 가지는 못했다.

물론 일반적인 상황은 아니다. 소장님의 마인드에 따라서도 다르다. **다만 주목해야 할 점은 현재 시장 상황이 매도인에게 유리한지 매수인에게 유리한지 파악해야 한다는 것이다.** 당신이 유리한 고지를 점한다면 소장님은 얼마든지 중개 수수료를 조정할 의사가 있다는 의미다.

누가 칼자루를 쥐고 있을까?

매수인과 매도인 중에 누가 더 유리한 시장인지 알아보려면 어떻게 해야 할까? 부동산을 몇 군데 돌아다니다 보면 딱 느낌이 온다. 부동산에 들어갔을 때 소장님 반응이 시큰둥한지, 버선발로 뛰어나오는지만 봐도 시장 분위기를 알 수 있다.

보다 객관적인 지표로 확인하는 방법도 있다. KB 은행에서 매주 발표하는 부동산 주간 시계열을 통해 매도세와 매수세 자료를 분석하는 것이다. KB 은행은 협력 부동산 소장님의 의견을 취합하여 매도세와 매수세에 관련한 자료를 만든다. 이 자료를 가공하여 차트로 만들어서 보는 것이 좋다. 물론 아실 앱에서도 간단하게 확인할 수 있다.

네이버 〈아실〉 검색(스마트폰에서는 앱 다운로드)

→ 〈아실〉 메뉴 중 '매수심리' 클릭 → 지역 선택

→ '매도세/매수세' 탭 클릭 → 기간 조정

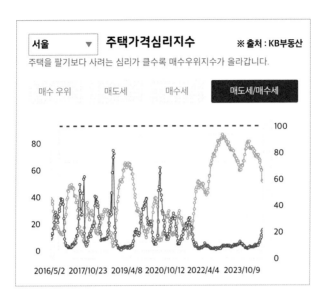

서울의 주택 매도·매수 심리 그래프다. 초록색 선이 매도세, 주황색 선이 매수세를 나타낸다. 매도세 그래프가 올라가면 시장에 파는 사람이 늘어나고, 내려가면 파는 사람이 줄어든다는 의미다. 매수세 그래프는 반대다. 올라가면 시장에 사려는 사람이 많아지고, 내려가면 사려는 사람이 줄어든다는 뜻이다.

매수세 그래프가 매도세 그래프보다 높을 때 매도자 우위 시장, 그 반대일 때 매수자 우위 시장이라고 한다. **소장님은 매도자 우위 시장에서는 매도인 눈치를 보고, 매수자 우위 시장에서는 매수인 눈치를 본다.**

한 번에 두 건을 계약할 때 수수료 협의

한 부동산에서 두 건의 계약을 진행할 때가 있다. 집을 매도하고, 같은 지역의 다른 주택을 매수하는 경우가 그렇다. 주로 실거주 주택 갈아타기를 할 때 많이 발생하는 상황이다. 갈아타기는 하급지에서 상급지로 가는 것이 일반적이다(상급지와 하급지는 두 개 이상 지역을 비교할 때 입지상 서열을 말하며, 절대적인 개념이 아닌 상대적인 개념). 하지만 같은 동네 대장 아파트로 가거나, 같은 아파트에서 평형을 넓혀 갈아타기 하는 수요도 있다. 보통 매도한 부동산에서 매수까지 진행한다.

이때 반드시 같은 부동산에서 진행해야 한다는 법은 없다. 다만 같은 부동산에서 두 건을 계약하면 수수료 협의가 쉬워진다. **두 건의 거래를 소장님 혼자 성사시킬 수만 있다면 최대 네 건의 수수료를 받는다.** 기존 주택을 매도할 때 양쪽에서 수수료를 받고, 신규 주택을 매수할 때 역시 양쪽에서 수수료를 받을 수 있다.

물론 공동 중개를 하면 수수료가 줄어든다. 어쨌든 최소 두 건의 수수료는 확보한 셈이다. 그럼 손님이 다른 부동산에서 매수를 진행하지 않도록 최대한 편의를 제공해야 한다. 손님에게 직접적으로 제공할 수 있는 편의는 수수료 할인이다.

법적으로는 각각 거래가 발생했기 때문에 수수료도 각각 협의해야 한다. 하지만 만약 소장님이 둘 다 수수료를 최대치로 받으려고 한다면 어떻게 될까? 손님 입장에서는 굳이 그 부동산을 이용해야 할 이유가 없다. **소장님은 손님을 놓칠 바에는 할인해 주는 것이 낫다.** 보

통 매도와 매수 중 한 건의 수수료만 받는 쪽을 선택한다.

이 원리는 상급지 갈아타기를 할 때도 적용할 수 있다. 매도를 도와준 소장님을 활용하면 중개비를 아낄 수 있는 것이다.

소장님

> 사장님, 혹시 다른 지역으로 갈아타기 하시더라도 저 통해서 거래하세요. 중개 수수료 50퍼센트만 받을게요.

> 네? 다른 지역도 중개해 주실 수 있으세요?

망둥이

소장님

> 그럼요. ○○까지는 제가 갈 수 있어요.

실제로 어떤 소장님은 필자에게 먼저 이렇게 제안했다. 공동 중개는 같은 지역 내의 소장님들 사이에서만 할 수 있는 것이 아니다. 공인중개사 자격증이 있으면 어디든 손님을 데려가서 공동 중개를 할 수 있다. 갈아타기를 목적으로 집을 매도했다면 확실하게 매수할 사람이다. 소장님은 확실하게 매수를 할 손님에게 50퍼센트라도 받으면 무조건 이익이다. 멀다고 마다하지 않는다.

단, 이 점은 감안하라. 매도 소장님은 상급지 부동산과 매도인의 상황에 대해 잘 모른다. 현지 소장님과 거래하는 것이 유리할지, 매도 소장님과 함께 가서 중개 수수료를 깎는 것이 유리할지는 자신이 판단해야 한다.

투자용으로 주택을 매수하고 임차인을 구해야 할 때도 한 부동산에서 매매 계약과 전세 계약을 진행하는 경우가 많다. **지역에 따라 다르지만 매매 계약 외에 임대 계약 수수료는 법정 수수료의 30~70퍼센트 정도를 요구한다. 물론 매매 수수료만 받고 임대 계약 수수료는 전혀 받지 않는 곳도 있다.**

중개 수수료는 매물의 가격에 따라 결정된다. 투자한 주택의 매매가가 높아서 한 건에 몇백만 원의 수수료를 받으면 소장님의 마음이 후해진다. 임대 계약 수수료를 더 깎아 줄 가능성이 높다. 반면에 매매가가 낮으면 임대 계약 수수료를 크게 할인해 주지 않는다. 중개 수수료 파이가 작으니 어떻게든 임대 계약 수수료를 많이 받고 싶은 것이다.

두 건 이상의 거래를 진행한다면 어떤 상황에서든 중개 수수료 협의가 가능하다. 반드시 계약 진행 전에 확인하고, 협의하라. 최대 네 명에게 받을 수 있는 수수료를 놓치기 싫은 소장님이라면 적극적으로 협의에 나설 것이다.

법무사 비용 바가지 안 쓰는 법

부동산 거래를 하면서 가장 바가지 쓰기 쉬운 비용은 법무사 수수료라고 할 수 있다. 법무사 비용은 계산하기 어렵기도 하고, 소장님과의 관계가 얽혀 있어 쉽게 돌파구를 찾기가 힘들다. 몇 가지 팁을 알아 둔다면 수수료를 아끼면서도 소장님과의 관계를 좋게 유지할 수 있다.

소장님에게 소개받은 법무사와 협상하는 법

부동산을 매수하면 반드시 소유권이전등기를 해야 한다. 소유권이전등기는 매도인과 매수인이 함께 신청한다. 일반적으로 매도인의 위임을 받아 매수인이 처리한다. 매도인은 돈을 받았으니 등기부등본에서 이름을 빼든 말든 크게 신경 쓰지 않지만, 매수인은 상황이 다르다. 돈을 지불했으니 어떻게든 매도인의 이름을 빼고 내 이름을 집어넣어야 한다. 늘 그렇듯이 조금 더 목마른 사람이 우물을 파는 법이다.

이제 매수인에게는 셀프 등기와 법무사 위임이라는 두 가지 선택지가 남는다. 셀프 등기는 논외로 하고(실거주 주택을 살 때는 셀프 등기가 어려운데, 일반적으로 실거주 주택에는 선순위 근저당이 설정되어 있으며 은행에서는 법무사 위임을 통해 선순위 근저당을 확실히 말소하기를 바라기 때문이다), 소장님과 관련된 법무사 위임 업무만 언급하겠다. 대부분 소유권이전등기를 법무사에게 위임한다.

하지만 당신은 소유권이전등기와 관련한 법무사 위임 과정에서 아무 노력을 할 필요가 없다. 애써 법무사를 찾아볼 필요도 없다. 소장님이 알아서 연결해 준다. **그런데 소장님이 소개해 준 법무사는 수수료가 비싸다**(은행 지정 법무사도 비싸긴 마찬가지다). 편안하게(?) 서비스를 이용하려면 돈을 많이 내야 한다. 물론 거래 경험이 없다면 비싸다는 사실조차 인지하기 어렵겠지만.

필자가 부동산 매매 계약을 할 때 가장 애매하게 느꼈던 것이 법무사 문제다. 처음에는 아무것도 모르고 비싼 비용을 지불했다. 곧 이 바닥이 돌아가는 구조를 알게 되었다. 수수료가 아깝게 느껴졌다. 그런데 초보는 소장님이 소개해 준 법무사가 비싸다는 사실을 깨달아도

거절하기 어렵다. 부린이가 의지하는 소장님의 추천 아닌가? 눈치가
보이는 것이다.

베테랑 소장님은 매수인이 거절하기 어렵게 법무사를 소개한다. 구
렁이 담 넘어가듯 자연스러운 상황을 만든다. 부린이는 집을 보고 부동
산 계약을 결정하는 것만도 버겁다. 묻고 따질 정신이 없다. 수고를 줄
여 준 소장님에게 감사한 마음으로 제안에 따를 뿐이다.

소장님

사장님, 법무사 쓰셔야죠? 잔금일에 차질 없이 소유권이
전등기 진행할 수 있도록 제가 이야기해 놓을게요.

네, 감사합니다. 그렇게 해 주세요.

망둥이

문제를 인식하게 되는 것은 잔금 당일이다. **견적서는 서비스를 이
용하기 전에 받아보는 것이다. 하지만 소장님이 소개해 준 법무사는
매수인이 미리 요청하지 않으면 괜한 수고를 하지 않는다.** 견적서를
보여 주지 않는다. 매수인이 견적에 관해 묻고 따질 수 있도록 사전에
여지를 줄 이유가 없기 때문이다.

매수인은 잔금 당일이 되어서야 견적서를 받고, 무엇인가 잘못되었
다는 것을 깨닫는다. **시중에서 저렴하게 구할 수 있는 법무사 서비스**

에 비해 30만~60만 원 이상 비싼 경우가 허다하다. 견적서에는 갖가지 명목의 수수료가 붙어 있다. 쉽게 구분하기도 어렵다. 마음속으로만 생각한다. '원래 법무사 비용이 이렇게 비쌌어?'

이제 와서 다른 법무사를 부를 수도 없는 노릇이다. 당신은 계약을 이행할 의무가 있다. 또한 잔금일에는 소장님과 법무사, 매도인, 매수인이 함께 모인다. 각자 다양한 사정과 일정이 있다. 이사 업체 직원들은 밖에 앉아서 기다린다. 청소며 가전이며 정수기, 케이블 TV 설치까지 대기 중이다. 그 자리에서 법무 비용이 너무 비싸다고, 새로운 법무사를 찾겠다고 할 수 있을까? 다들 당신을 이상한 눈으로 쳐다볼 것이다. 속으로는 열불이 난다. 그러나 그 자리에서 할 수 있는 일은 없다. '그래 잘 몰랐던 내 잘못이지' 하며 마음을 내려놓는다.

소장님에게 소개받은 법무사가 유독 비싸다면 무언가 이유가 있을 것이다. 법무사와 소장님 사이에 소개비가 오갔을 수도 있다. 물론 아닐 수도 있고. 어쨌든 소개비가 발생한다면, 법무사 입장에서는 땅 파서 장사할 수는 없는 노릇이니 소개비는 누군가에게 전가되지 않을까?

부동산 중개 수수료는 구조가 단순하다. 누구나 쉽게 확인할 수 있다. 반면에 법무사 비용은 법정 수수료 외에도 기타 비용들이 덕지덕지 붙어 있다. 소비자가 적정 비용을 판단하기가 쉽지 않다. 법무사는 법정 수수료율을 최대치로 적용하고 교통비, 등기·신고 대행비, 세금 신고·납부 대행비, 등기부등본 발급비 등을 기타 비용으로 추가한다. **다시 말해, 법무사 비용은 중개 수수료에 비해 전가하기 용이한 구조로 되어 있다.**

사전에 문제점을 인지한 매수인은 직접 법무사를 알아보기도 한다. **이때 〈법무통〉이란 앱을 주로 활용한다.** 소비자가 매물 정보와 계약 정보를 앱에 입력하면 법무사가 확인하고 견적서를 미리 보내 주는 시스템이다. 소유권이전등기는 특별한 기술이 필요 없는 업무다. 서류만 잘 챙기면 된다. 견적서를 보낸 법무사들의 후기를 참고한 다음, 최저가 법무사와 약속을 잡으면 된다.

문제는 직접 법무사를 구해서 쓴다고 하면 살짝 역정을 내거나 서운함을 내비치는 소장님이 있다는 것이다. 소장님이 직접 표현하지 않아도 우리 스스로 위축되기도 한다. 인간은 사회적 동물이니까.

소장님

법무사 쓰셔야지요? 제가 당일에 불러 놓겠습니다.

소장님, 법무사는 개인적으로 알아보고 위임하려고 해요.

망둥이

소장님

이상한 법무사 부를 바에는 검증된 법무사 쓰세요. 고생하시는 분 많이 봤어요. 그리고 이번에 제가 가격도 많이 깎아 드렸는데…….

아…….
(가격 깎아 주신 것과 법무사가 무슨 상관이…….)

망둥이

물론 그러거나 말거나 내가 찾은 법무사를 쓰겠다고 할 수도 있다. 부동산 거래는 프로의 세계니까 그래도 된다. 실제로 그러는 사람도 많다. 하지만 부린이가 소장님의 제안을 거절하는 것은 여전히 두렵다. 거래는 아직 끝나지 않았다. 괜히 소장님 마음을 상하게 하는 것은 참 불안하고, 불편한 일이다. 불이익을 당할까 봐 걱정된다.

소장님과는 아직 할 일이 남아 있지 않은가? 조금 더 현명하게 일을 처리할 수 있는 방법이 있다. 소장님 마음도 덜 상하게 하고, 과도하게 비용 지불도 하지 않는 방법이.

계약일에 소장님이 소개해 준 법무사에게 소유권이전등기를 맡기겠다고 하라. 먼저 소장님 면을 세워 주는 것이다. 그리고 따로 〈법무통〉에 견적을 요청하라. 이와 동시에 소장님에게 법무사 연락처를 받아라. 법무사에게 미리 견적서를 보내 달라고 문자를 보내라. 〈법무통〉에서 받은 견적서와 비교하라. 총액만 생각하라. 굳이 세세한 내용을 따질 필요는 없다. 세부 내용을 하나하나 따지면서 깎아 달라고 해도 법무사가 이 핑계 저 핑계를 대면 그만이다. 세부 내용의 불합리성을 따지는 것으로는 가격 조정이 어렵다.

역시 자본주의 경제 체제의 백미는 경쟁이다. 법무사에게 연락하라. 당당하게 경쟁자를 투입하라. 단, 모든 협상은 상대방의 기분이 상하지 않도록 부드럽게 풀어 가야 한다.

망둥이

법무사님, 수수료 90만 원에서 60만 원으로 조정 가능할
까요? 아내가 40만 원에 견적을 받아 왔는데요. 저는 소
장님 소개도 있고, 적당한 가격이면 그냥 진행하려고요.

네, 알겠습니다.

법무사

법무사 입장에서도 일을 놓치는 것보다는 수수료를 할인해 주고 한
건 더 버는 것이 낫다. 대개는 조정해 줄 것이다. 어느 정도 비슷하게
금액을 깎아 준다고 하면 조금 비싸더라도 소장님이 소개한 법무사와
진행하라. 소장님의 서비스가 괜찮았다면, 우리도 서비스한다고 생각
하면 된다. 마음이 편해지는 것은 덤이다.

법무사에게 가격을 깎을 의지가 없을 수도 있다. 그럼 해당 법무사
와 진행하지 않으면 된다. 대신 이제 우리도 명분이 생겼다. 소장님에
게 법무사 비용이 너무 비쌌다고 말할 수 있다. 조금이라도 깎아 보려
고 했지만 법무사가 거부했다고 말할 수 있다. 소장님이 추천한 법무
사를 쓰고 싶었다고 하라. 어쩔 수 없이 다른 법무사를 써야 하는 상
황이 아쉽다고 하라.

소장님 법무사와 협상하든 〈법무통〉 법무사를 쓰든 당신은 이제 불
필요한 수수료 몇십만 원은 아끼는 셈이다. 그중 약간 떼어 소장님에
게 줄 수도 있다. 법무사를 통해 갔을 돈 일부를 직접 챙긴다고 생각
하면 된다. 물론 모든 것은 개인의 성향과 선택의 문제지만.

필자는 다른 법무사를 쓴다고 할 때 서운해하던 소장님이 봉투를 받으면서 함박웃음 짓는 것을 목격했다. 지금까지 좋은 관계를 유지하고 있다. 이왕 드리는 거 말 한마디 예쁘게 거들면 더욱 좋다.

망둥이

소장님, 이거 받으세요. 이번에 매수할 때 너무 잘 도와주셔서… 감사해서 드리는 거예요. 법무사 비용은 그렇게 아까운데, 소장님께 드리는 돈은 하나도 안 아깝더라고요.

아이, 뭘 이런 걸 또 준비하셨어요. 안 그래도 되는데…….

소장님

정말이다. 필자는 법무사 비용이 그렇게 아까울 수가 없다. 법무사 업무는 기계적인 과정을 거친다. 특별한 일이 없으면 업무 변동 사항이 없다. 그래서 셀프로 소유권이전등기를 하는 투자자들이 있는 것이다. 무엇보다 추가로 부동산을 매수하지 않는다면 해당 법무사는 다시 볼 일이 거의 없다. 그나마 다른 법무사보다 저렴한 가격이어야 두 번 의뢰할 것이다.

반면에 소장님은 사람을 상대하는 일을 한다. 필자에게는 사람을 대하는 것이 세상 무엇보다도 어렵다. 때로는 굽신거려야 하고 때로는 언성을 높일 일도 있을 텐데, 소장님이 대신해 주니 필요 이상으로 감정을 낭비할 필요가 없다. 게다가 소장님과는 할 일이 많다. 한 번의 계약으로 인연이 끝나지 않는다. 전세도 맞춰야 한다. 매도도 해야 한다. 나중에 다시 매수 계약을 할 수도 있다. 계속 봐야 할 사이다.

소장님에게 입에 발린 소리를 하라는 것은 아니다. 생각했던 것을 그대로 이야기하는 것이다. 이렇게 했는데 소개해 준 법무사 안 쓴다고 서운하다는 소장님은 한 명도 못 봤다. 서운했던 감정이 고맙고 미안한 감정으로 돌아서는 경우는 있었어도.

잔금 당일 반드시 확인해야 하는 것

당신은 미리 소장님이 소개해 준 법무사와 수수료를 합리적인 금액으로 협의했다. 견적서도 새로 받았다. 이제 끝이라고 생각했을 것이다. 하지만 자본주의는 그렇게 호락호락하지 않다. 미리 받은 견적서에는 없던 항목이, 잔금 당일에는 포함되기 때문이다.

기존 견적서에 누락되었던 항목은 채권 할인액이다. 정부는 국민주택 사업에 들어가는 자금을 조성하기 위해 소유권 이전 시 의무적으로 국민주택채권을 매입하도록 한다. 국민주택채권은 계속 들고 가면서 이자를 받아도 되고, 바로 팔아도 된다. 물론 주택 매수를 하면서 목돈을 맡기고 저금리의 이자를 챙기려는 사람은 별로 없다. 대부분 채권을 매도하는데, 이때 할인율에 따라 비용이 발생한다. 즉, 채권을 되파는 수수료가 들어간다고 이해하면 쉽다.

법무사가 견적서에서 일부러 채권 할인액을 빼는 것은 아니다. 단

지 채권 할인율이 정해져 있지 않기 때문이다. 채권 할인율은 매일 변동된다. 다른 비용은 견적서에서 사전에 확인할 수 있지만 채권 할인액만은 당일에 알 수 있다. 그런데 대한민국에 주택 매수인이 100명 있다면 채권 할인액을 계산해 오는 사람은 몇이나 될까? 채권 할인액의 특성을 일부 법무사는 악용하기도 한다.

매수인

법무사님, 채권 할인액이 제가 계산한 것과 조금 다르네요. 다시 한번 확인해 주시겠어요?

네? 아, 그래요? 왜 잘못됐지? 다시 한번 확인해 보겠습니다.

법무사

(잠시 후)

사무실에서 착오가 있었나 봅니다. 이 금액으로 지불해 주시면 됩니다.

법무사

필자가 매도를 하면서 목격한 사례다. 법무사가 채권 할인액을 확인하지 않고 왔을 리 없다. 바가지를 씌우려고 채권 할인액을 부풀려서 견적서를 뽑아 온 것이다. 많은 사람이 채권 할인액의 개념을 잘 모른다. 법무사가 잔금일에 견적서를 내밀어도 알아서 했을 거라고 생각하고 넘어간다. 만약 필자의 집을 산 매수인이 채권 할인액을 계산하지 않고 왔다면 법무사는 공돈이 생겼다며 자신의 비상금 주머니를 채우고 돌아갔을 것이다.

따라서 잔금일에 당신이 집에서 반드시 확인하고 가야 하는 것은 바로 채권 할인액이다. 채권 할인액은 매수한 주택의 공시가(국토교통부에서 운영하는 〈부동산 공시가격 알리미〉 홈페이지에서 조회 가능)에 해당하는 의무매입률을 곱하고, 당일 채권 할인율(주택도시기금 홈페이지의 '청약/채권' → '제1종국민주택채권' 항목에서 조회 가능)을 다시 곱하면 계산할 수 있다.

▷ 국민주택채권 의무매입률표

매입 대상	시가표준액(공시가)	의무매입률	
		서울· 광역시	기타 지역
주택	2,000만 원 이상~5,000만 원 미만	1.3%	1.3%
	5,000만 원 이상~1억 원 미만	1.9%	1.4%
	1억 원 이상~1억 6,000만 원 미만	2.1%	1.6%
	1억 6,000만 원 이상~2억 6,000만 원 미만	2.3%	1.8%
	2억 6,000만 원 이상~6억 원 미만	2.6%	2.1%
	6억 원 이상	3.1%	2.6%

자료: 국민주택기금 홈페이지

예를 들어 당신이 서울에 있는 공시가 6억 원짜리 주택을 매수한다고 가정해 보자. 6억 원은 '6억 원 이상' 구간에 해당하므로 의무매입률이 3.1퍼센트다. 6억 원에 3.1퍼센트를 곱한 1,860만 원이 채권 매입 금액이 된다. 바로 판다면 채권 매입 금액에 당일 할인율을 또 곱한다. 할인율이 9.85963퍼센트라면 183만 3,891원이 당신이 납부해야 할 채권 할인액이다.

▷ 국민주택채권 할인율

자료: 국민주택기금 홈페이지

만약 당신이 부부 공동 명의로 소유권이전등기를 한다면? 공시가를 2분의 1로 나누어 각각 계산해야 한다. 굳이 공시가를 절반으로 나누는 이유는 공시가가 해당하는 구간이 달라지며 의무매입률도 바뛸 수 있기 때문이다. 6억 원은 '6억 원 이상' 구간에 해당하여 의무 매입률이 3.1퍼센트다. 그러나 그 절반인 3억 원은 '2억 6,000만~ 6억 원 미만' 구간에 해당하여 의무매입률이 2.6퍼센트로 떨어진다. 3억 원에 2.6퍼센트를 곱하면 780만 원이 채권 매입 금액이고, 다시 할인율 9.85963퍼센트를 곱하면 채권 할인액은 76만 9,051원이다. 이것은 한 사람분 채권 할인액이다. 76만 9,051원에 2를 곱하면 최종 채권 할인액은 153만 8,102원이 나온다. 단독 명의로 계산했을 때와 비교해 보라. 183만 3,891원 - 153만 8,102원 = 29만 5,789원으로 꽤 많은 차이가 난다.

물론 채권 할인액도 〈부동산 계산기〉 앱을 통해 쉽게 구할 수 있다. '취득·등기비용' 항목에서 국민주택채권을 선택하고 매수한 주택의 공시가를 입력하라. 매일 달라지는 채권 할인율을 반영하여 채권 할인액을 계산해 준다. 다만 아직 공동 명의 계산은 불가능하다. 공동 명의로 매수한 주택이라면 공시가를 2분의 1로 나누어 입력하고, 채권 할인액이 나왔을 때 곱하기 2를 하라.

사람들은 어떤 서비스를 이용할 때 전문가를 믿고 전권을 위임한다. 돈을 주고 이용하는 서비스 아닌가? '알아서 잘해 주겠지'라며 소장님과 법무사에게 모든 것을 맡긴다. 착각이다. 자본주의가 돌아가는 이유는 모두가 자신의 이익을 추구하기 때문이다. 때로는 이익 추구가 지나쳐 부당한 이익을 챙기기도 한다는 것이 문제다. 자신의 재산은 자신이 지켜야 한다. 그렇게 어려운 것도 아니다. 초보도 기본만

지키면 된다.

당신은 법무사가 채권 할인액을 더 비싸게 제시하거나 공동 명의임에도 단독 명의 채권 할인액을 내밀었을 때, 채권 할인액이 잘못되었다고 당당하게 말할 수 있는 사람인가? 부디 그런 사람이기를 바란다.

CHAPTER 4

큰돈 아끼는 방법

앞서 작은 돈 아끼는 법을 알아보았다.

하지만 수수료 협상은 잘해 봤자 몇십만 원에서 몇백만 원이다.

실제 부동산 거래는 몇백만 원에서 몇천만 원 단위로 움직인다.

우리는 수수료보다 거래에서 최대한 이득을 보아야 한다.

거래 비용을 줄여야 한다. 거래의 기술을 익혀야 한다.

이번 장에서는 소장님을 활용하여 큰돈 아끼는 방법을 알아보겠다.

매매의 기술

소장님은 부동산 거래에서 중요한 역할을 한다. 때로는 매도인을, 때로는 매수인을 설득해서 접점을 만들어 낸다. 하지만 소장님을 제대로 활용하기 위해서는 먼저 나의 매매 기준이나 조건을 확립하는 작업이 필요하다. 거래는 결국 내가 하는 것이다. 선행 작업 없이는 소장님 활용법에도 제한이 있을 수밖에 없다.

원활한 매도를 위한 다섯 가지 세팅법

"할계언용우도割鷄焉用牛刀"라는 말이 있다. 닭 잡는 칼과 소 잡는 칼을 구분해야 한다는 의미다. 하지만 집을 매도할 때만은 생각을 달리

하는 것이 좋다. 닭 잡을 때도 소 잡는 칼이 더 잘 든다면 소 잡는 칼을 써야 한다. 어떠한 상황에서도 지금 당장 팔릴 수 있도록 노력해야 한다.

매도할 때 시간이 남았다고 시세보다 높은 가격으로 매물을 내놓는 사람이 있다. 부동산 한두 군데 내놓고 그저 지켜만 본다. 여유를 부린다. 하지만 매도를 마음먹은 그 순간부터는 최선을 다해야 한다. 부동산 시장은 변덕이 심하다. 당장 뜨겁다가도 언제 차가워질지 모르는 것이 부동산 시장이다. 매도 기한이 있는데 차일피일 지내다 보면 마음이 급해지는 것은 순식간이다. 처음부터 소장님이 손님에게 당신의 집을 가장 먼저 브리핑할 수 있도록 세팅하는 것이 좋다. 다음의 세팅법을 기억하라.

첫째, 매도하기로 마음먹었으면 '매도 가격'이 아닌 '매도 행위' 자체에 집중하라. 주식 거래할 때 매도 호가를 높게 걸어 놓는 경우가 있다. 현재가가 10만 원인 상황에서 2,000원 더 받고 팔겠다고 호가를 10만 2,000원으로 걸어 놓는다. 주가는 10만 2,000원을 터치하지 못하고 9만 9,000원으로 떨어진다. 급한 마음에 9만 9,000원에 매도하게 된다. 조금 더 이익을 보려다가 오히려 손해를 보는 것이다.

'매도'라는 행위 자체에 집중하기 위해서는 먼저 '가격' 욕심을 내려놓아야 한다. 매도는 매수인과의 싸움이 아니다. 자기 자신과의 싸움이다. 누구나 자산을 처분할 때는 한 푼이라도 더 받고 싶다. '팔고 나서 더 오르지는 않을까?' '이 가격에 매도하면 억울하지 않을까?' '조금 더 받을 수 있지 않을까?' 하는 생각이 끊임없이 자신을 괴롭힌다. 받을 수 있는 최고가를 받고 싶어 한다. 욕심이다. 당신이 더 많이 받고 싶다고 더 많이 받을 수 있는 것은 아니다. 더도 말고 덜도 말고 매수인이 인정하는 가격만큼만 받을 수 있다. 이왕 팔려고 마음먹었다면, '매도'가 목적이라면 매수인이 끌릴 수 있는 가격을 제시하자.

매수인은 냉정하다. 우리는 당근마켓에서 중고 물건 하나를 살 때도 다양하게 비교한다. 비슷한 조건이라면 가장 낮은 가격의 물건을 구입한다. 부동산도 마찬가지다. 입지와 매물 컨디션을 고려하여 가장 저렴한 물건부터 거래된다. 물이 낮은 곳에서부터 채워지는 것처럼 자연스러운 원리다. 요행을 바라면 안 된다. **매수인은 이미 어느 정도 시세를 파악하고 부동산에 간다. 따라서 소장님은 손님이 원하는 조건의 매물을 추린 후 최저가 매물부터 브리핑한다.** 괜히 비싼 것 추천했다가 오해받기 딱 좋기 때문이다.

만약 당신이 컨디션 대비 저렴한 가격에 매물을 내놓았다면 주로 이런 일들이 발생한다. 요즘 부동산에 손님이 없다던 소장님이 갑자기 손님을 데려온다. 싼 것을 찾는 손님은 늘 있다. 매물을 내놓지 않은 소장님에게 매물을 달라는 전화가 온다. 될 만한 물건은 소문도 빨리 난다. 다른 물건을 보러 온 손님에게도 당신의 집을 적극적으로 브리핑한다. 약속도 안 했는데 당일에 바로 집을 보러 온다고 한다. 하루에도 몇 팀이 들락날락한다. 여러 부동산에서 경쟁이 붙은 상태다. 대부분 일주일 안에 거래된다.

우리 조상들은 감나무에서 감을 수확하면서도 날짐승들 먹으라고 까치밥을 남겨 두었다. 우리는 부동산 매도에서 조상의 지혜를 적용해야 한다. 과연 집값이 떨어지기를 바라며 집을 사는 사람이 있을까? 앞으로 오를 것이라는 기대가 있어야 집을 산다. **뒷사람이 먹을 것도 남겨 둔다는 생각으로 매도해야 '매도'라는 소기의 목적을 달성하기 쉬워진다.** 일단 매수인에게 매력적인 가격을 제시했다면 매도는 절반 이상 성공한 것이나 다름없다.

둘째, 우리 집을 사 줄 수 있는 사람의 수를 늘려야 한다. 소장님의 업무 중 매물 확인과 관련된 절차를 기억하는가?

A라는 사람이 10월 10일에 이사 날짜가 잡혔다고 가정해 보자. 사람들은 현금을 몇억씩 쌓아 놓고 있지 않다. 다음 매수인에게 잔금을 받아야 A도 이사 갈 집 잔금을 치를 수 있다. 그런데 매물을 보고 찾아온 매수인의 이사 날짜가 10월 5일로 정해져 있다면 소장님은 A의 집을 브리핑할 수 있을까? 없다. 오직 10월 10일에 잔금을 지불할 수 있는 사람만이 A의 집을 살 수 있다. 따라서 어쩔 수 없는 경우를 제외하고 잔금일 혹은 이사일은 최대한 열어 두어야 한다.

부동산 시장에서 매수인은 투자자와 실수요자로 구분할 수 있다. 그런데 매도하는 주택에 임차인이 살고 있다면 매수인은 이사를 들어올 수 없다. 즉, 실수요자는 매수할 수 없다. 오직 투자자만 매수할 수 있는 것이다(실제로 이런 점 때문에 전세 낀 매물은 이사 가능한 집 대비 저렴하게 거래된다). 따라서 소장님은 처음부터 실수요 매수인에게 전세 낀 매물을 권하지 않는다.

결국 임차인이 있다면 되도록 임차인의 계약 종료일에 맞춰 매도하는 것이 좋다. 투자자와 실수요자 모두를 포용할 수 있는 방법이기 때문이다(그러나 매도에서 가장 중요한 요인은 가격이기 때문에 전세 낀 매물도 가격이 저렴하면 나간다). 물론 이때도 이사 날짜는 여유를 두어야 한다. 처음 임대 계약서를 쓸 때 가능하면 다음과 같은 특약을 넣어 보자. 그럼 소장님도 더 많은 매수인에게 소개할 수 있다.

특약 1. 임차인은 임대인과 사전 협의 후 이사 날짜를 정하기로 한다.

한편 임차인이 집을 잘 보여 주지 않거나 까다로워도 계약할 수 있는 손님이 줄어든다. 소장님도 편하게 볼 수 있는 매물부터 추천하게 되기 때문이다. 2번 특약은 임차인이 집을 안 보여 주는 상황에 대비한 것이다. 소장님에게 임차인의 연락처를 알려 주겠다는 의미도 내포하고 있어서 개인정보 제공 문제도 해결할 수 있다. 물론 특약을 쓴다고 임차인이 무조건 협조하지는 않는다. 문구 자체가 애매하고, 법을 피해 갈 여지가 많다. 하지만 계약서에 명시되었다면 정통성의 힘이 생긴다. 대부분의 임차인은 문구에 따라 협조한다.

특약 2. 임대인이 해당 주택을 매매 혹은 임대할 때 임차인은 임대인이 의뢰한 공인중개사와의 연락을 통해 집 보여 주는 것에 적극 협조하기로 한다.

가격은 매매 당사자들의 마음에 따라 그 자리에서 바로 조정할 수도 있다. **하지만 매매 조건은 미리 준비해 두지 않으면 변경하기 어렵**

다. 조건이 맞지 않는 매물은 소장님이 브리핑할 수 없다. 어차피 이루어질 수 없는 사랑이니까. 매물을 내놓기 전에 미리 세팅할 수 있도록 신경 써야 한다.

셋째, 구축이라면 매수인에게 수리 기간을 주는 것이 도움이 된다. 오래된 집에 들어갈 때는 대부분 수리를 한다. 그런데 간단한 도배, 장판 정도를 제외하고는 이사 당일에 처리할 수 있는 것이 별로 없다. 올수리를 한다면 한두 달의 시간이 걸릴 수도 있다.

당신의 집에 들어올 매수인은 이사일에 기존에 살던 주택에서 잔금을 빼 와야 한다고 했다. 사실상 수리할 시간이 없다. 만약 당신에게 현금 여력이 있다면, 혹은 대출 여력이 있다면 미리 이사를 나가고 매수인에게 수리 기간을 줄 수 있다(중도금은 받은 상태여야 한다). **수리 기간을 줄 수 없는 경쟁 매물보다 우리 집을 선택할 가능성이 높아지는 것이다.**

넷째, 집을 깔끔하게 정리해야 한다. 우리는 이성을 만날 때 첫인상을 가장 중요하게 여긴다. 집도 그렇다. 심지어 매수인이 올수리를 생각하고 있어도 첫인상은 결정에 큰 영향을 준다. 어차피 다 뜯어고칠 집이어도 인간의 뇌는 합리적으로 작동하지 않는다. 필자가 매수했던 집 중 하나는 온갖 잡동사니가 방에 쌓여 있었다. 사정이 여의찮아 손해를 보고 다른 매수인에게 넘기려고 했지만, 첫인상이 너무 좋지 않으니 아무리 가격을 낮춰도 새로운 매수인이 선뜻 나서지 않았다. 싸게 사서 수리하면 돈을 버는 것임에도 팔리지 않았다. 물론 집 정리 상태가 매도에서 가장 중요한 요인은 아니다. 하지만 경쟁 매물과 조건이 비슷하다면? 첫인상이 깔끔한 집이 눈에 들어오게 마련이다.

생각보다 집 정리에 신경을 쓰지 않는 매도인이 많다. 필자는 방과 화장실에 곰팡이가 핀 채로 방치해 두거나, 물건이 널려 있는 집을 많이 보았다. 매도를 위해 집수리를 다시 하는 것은 어렵더라도 정리 가능한 선에서는 깔끔한 인상을 주는 것이 좋다. 디퓨저를 사서 좋은 향기가 나게 하는 것도 하나의 방법이다.

매도하려는 집에 임차인이 산다면 집 보러 갈 때 상태를 깔끔하게 해 달라고 요청하자. 그러려면 평소 임차인과 좋은 관계를 유지해야 한다. 필자는 임차인에게 아이가 있다면 계약할 때 내복을 사 가거나, 입주 후 카카오톡으로 선물을 보내기도 한다. 또한 수리를 요청할 때도 최대한 적극적으로 응한다. 미리 좋은 기억을 쌓아 놓으면 의외로 쉽게 풀리는 것이 인간관계다. 많은 사람이 일이 터진 다음에 대응하려고 한다. 그러나 일이 터진 후에 주는 선물은 의도가 느껴진다. 상대방이 먼저 알아채고 거부 반응을 보인다. 평소에 베풀자. 먼저 베푼 만큼 돌아온다.

매도 한번 하기 참 어렵다고 생각할지도 모르겠다. **당신이 매도가 잘되는 세팅을 하기가 어렵다면, 이 모든 것을 압도하는 방법을 소개하겠다. 바로 상승장에서 매도하는 것이다.** 부동산은 실사용 가치와 개인의 욕망이 뒤섞여 있는 특수한 시장이다. 인간에게 꼭 필요한 재화다 보니 내가 관심이 없다고 해서 아예 관심을 끄고 살 수도 없다. 한번 불이 붙으면 분위기를 타며 무섭게 오른다. 이런 상황에서는 앞에서 언급한 세팅을 생각하지 않아도 된다. 가격이 조금 높아도, 전세가 껴 있어도, 수리 기간을 주지 않아도, 집이 조금 지저분해도 상관없다. 쉽게 거래된다.

결국 매도를 잘하려면 애초에 매수를 잘해야 한다. 부동산은 양도세 때문에 최소 2년은 보유해야 하는 자산이다. 한창 상승할 때 매수하면 상승장이 끝나기 전에 팔아서 수익을 실현하기가 쉽지 않다. 남들이 쳐다보지 않을 때 사야 한다. 그때 사 놓아야 너도나도 사려고 할 때 손쉽게 매물을 처분하고 유유히 나올 수 있다.

임차인과 퇴거 협의하기

어쩔 수 없이 임차인이 있는 상태에서 전세를 끼고 매도해야 할 때가 있다. 그런데 투자자가 도저히 안 나타난다면? 실수요자만 집을 사고 있다면? **임차인에게 합의금을 제시하고, 계약 만료 전 퇴거를 제안하는 방법도 고려해 보자.** 임차인이 이 방법을 받아들이게 하려면 세 가지 조건을 만족해야 한다.

첫째, 임차인 입장에서는 이사 가는 것에 대한 거부감이 작아야 한다. 둘째, 중개비와 이사비와 전세금이 올라갔다면 차액의 이자만큼 보전해 주어야 한다. 셋째, 그 모든 불편을 감수하더라도 임차인이 이를 수용할 만한 플러스알파의 유인(돈)이 있어야 한다(전세가가 계약 시점보다 낮으면 협상하기 쉽다).

합의금으로 1,000만~2,000만 원을 지불해야 할 수도 있다. 하지만 꼭 팔아야 하는 상황이라면 찬물 더운물 가릴 처지가 아니다. 생각을 전환하면 큰 손해가 아닐 수도 있다. 전세 낀 상태에서 매도했을 때 이사 가능한 집보다 2,000만 원 싸게 거래된다고 가정해 보자. 임차인을 내보내고 제값에 매도한다면 이익을 본 2,000만 원을 모두 임차인에게 합의금으로 주더라도 소기의 목적(빠른 매도)을 달성할 수 있다. 만약 1,500만 원에 퇴거 협의가 된다면 시간과 돈 양쪽에서 이득을 얻을 수 있다.

세금 문제도 따져 보지 않을 수 없다. 양도세를 내야 하는 상황에서 2,000만 원 비싸게 판다면 양도차익이 커진다. 양도세가 올라간다는 의미다. 그런데 임차인 퇴거 합의금은 필요경비에 포함된다. 2억 원에 취득해서 3억 원에 파는 것이나, 2억 원에 취득해서 2,000만 원 필요경비를 인정받고 3억 2,000만 원에 파는 것이나 양도차익은 1억 원으로 동일하다.

소득세법 시행령 제163조 제5항 제1호 [양도 자산의 필요경비]
라. 매매계약에 따른 인도의무를 이행하기 위하여 양도자가 지출하는 명도비용

다만 주의할 점이 있다. **필요경비 처리는 매수인이 실입주할 때만 가능하다. 매수인이 투자자라서 새롭게 임대를 구하는 경우에는 불가능하다.** 임차인과 합의를 결정하기 전에 미리 고려해야 한다.

다음 표는 퇴거 합의금 산정 과정을 예시로 든 것이다. **만약 기존 전세금에서 시세 변화가 없다면 중개비, 이사비와 더불어 임차인이 불편을 감수할 만한 알파가 필요하다.** 전세 시세가 올랐다면 중개비도 오르고 이자 부담액도 커진다. 합의금 규모가 더 커질 수 있다. 전세 시세가 내리면 임차인은 부담이 줄어든다. 안 그래도 옮기고 싶은데 임대인이 이사비까지 지원해 준다니 오히려 고마워할 수도 있다. 물론 겉으로 좋은 티는 안 내겠지만. 협의하기 가장 쉬운 상황이다.

▷ 퇴거 합의금 산정 예시

조건	기존 전세금: 3억 원 현재 주변 전세금 시세: 3억 원 **전세금 차액: 0원**	기존 전세금: 3억 원 현재 주변 전세금 시세: 3억 5,000만 원 **전세금 차액: 5,000만 원**
비용 보전액	중개비: 99만 원(부가세 포함) 이사비: 150만 원(가정) 전세금 차액 이자: 0원 **최소 금액: 249만 원**	중개비: 115만 원(부가세 포함) 이사비: 150만 원(가정) 전세금 차액 이자: 5,000만 원 × 금리 × 잔여 계약 기간(월) **최소 금액: 265만 원 + 이자**
플러스 알파	α	
합의금	249만 원 + α	265만 원 + 이자 + α

그럼에도 불구하고 계약 기간이 남아 있는 한 선택은 전적으로 임차인의 몫이다. 임차인의 상황과 성향에 달렸다. 무리하지는 말자. 단지 이러한 옵션이 있으니, 이익이 될 것 같다면 한번 제안해 볼 수는 있다.

급매 공급자가 되기 싫다면

확신한다. 부동산 거래에서 가장 어려운 일 중 하나는 매도 금액 책정이다. 차라리 소비재라면 가격을 정하기가 쉽다. 팔아 보고 조정해도 되니까. 부동산은 다르다. 한번 팔면 끝이다. 단 한 번의 거래에 모든 것이 결정된다. 일생 보유할 모든 주택으로 확대해 봐도 마찬가지다. 팔 일이 몇 번 없다. 금액 단위도 크다.

따라서 한번 팔 때 최댓값을 받고 싶은 것이 매도인의 마음이다. 당신이 부동산에 최초로 내놓는 금액은 시세보다 높을 가능성이 크다. 내가 파악한 시세에 욕심 값이 포함되었기 때문이다. 물론 욕심은 '나 욕심이요!' 하고 자신을 드러내지 않는다. 다른 방식으로 합리화한다. 우리 집은 시스템 에어컨이 있고, 5년 전에 수리도 했고, 층간 소음도 없고, 수압도 세고, 편의점 가기도 좋고…….

현실은 다르다. 매물을 내놓고 몇 주가 지나도 부동산에서 연락이 없다. 팔아야 할 시간은 다가온다. 그때 비로소 욕심값이 깎이기 시작한다. 물론 한 번에 모든 욕심을 내려놓기는 어렵다. 아주 조금씩 가격을 조정한다.

최저 호가가 6억 5,000만 원인데 7억 원에 최초 가격을 등록했다고 가정해 보자. 처음에는 자신이 오판했다는 사실을 인정하기 어렵다. 가격을 내리려면 소장님에게 전화해야 한다. 왠지 급해 보이는 것 같고, 자존심이 상한다. 거래를 몇 번 해 보지는 않았지만 초보처럼 보이는 것도 싫다. 겨우 1,000만 원 가격을 내린다. 그사이 6억 5,000만~6억 6,000만 원짜리 매물은 꾸준히 거래된다.

마지노선은 점점 다가온다. 마음이 급해진다. 생존의 문제에 다다르면 이제 자존심이고 뭐고 없다. 최저가인 6억 5,000만 원으로 가격을 내린다. 문제는 부동산 시장이 변덕스럽다는 것이다. 손님이 많다가도 갑자기 썰물처럼 사라지고, 없다가도 갑자기 밀물처럼 들어온다. 꼭 팔아야 하는 날짜가 1~2개월 앞으로 다가왔는데 손님이 없으면 단지 최저가도 의미가 없다.

마지노선까지 1개월 정도 남으면 발등에 불이 떨어진다. 매매는 잔금 기간을 최소 2~3개월로 잡는 것이 일반적이다. 모든 이사가 톱니바퀴처럼 연결되어 있기 때문에 사람들은 자신의 의지와 상관없이 2~3개월 마지노선을 지킬 수밖에 없다. 집을 팔면 바로 다시 집을 산다. 1개월 남기고 집을 구하는 사람은 일부 신혼부부를 비롯해 몇몇 사례를 제외하고는 찾아보기 힘들다. 울며 겨자 먹기로 6억 3,000만 원에 매도하게 된다. 만약 처음에 가격을 확 내렸으면 6억 5,000만~6억 6,000만 원에 매도할 수 있었다. 조금이라도 더 받으려다, 자신의 판단 실수를 인정하지 않으려다, 추가 손실을 본 것이다. 금액도 금액이지만 마음고생은 어디에서 보상받을 수 있을까.

애초에 가격 판단을 잘못했다면, 팔아야 할 날짜까지 정해져 있다면, 공격적으로 가격을 내리는 것이 좋다. 찔끔찔끔 내리는 것은 의미가 없다. 매수인이 확 끌릴 수 있는 가격을 제시하라. 급매는 괜히 급매가 되는 것이 아니다. 처음부터 급해서 급매를 내놓는 경우도 있지만, 욕심을 부리며 시간을 끌다가 급매 아닌 물건이 급매가 된다. 매도 행위 자체에 집중하자. 욕심을 내려놓지 못한다면 당신도 부동산 시장의 급매 공급자가 될 수 있다.

여러 부동산에 매물 내놓기

당신이 할 수 있는 일을 다 했는가? 이제는 소장님 차례다. 거래가 활발하게 이루어지는 뜨거운 시장에서는 매수인(임차인)은 넘치는데 매물이 없다. 부동산 두세 곳에 내놓는 것만으로도 충분하다. 매수인(임차인)이 네이버 부동산을 보고 알아서 찾아오든, 공동 중개를 하든 원하는 가격에 거래할 수 있다.

하지만 매도할 시점에 시장이 뜨거울 가능성은 얼마나 될까? 오히려 차가운 시장일 가능성이 높을 것이다. 몇백, 몇천씩 오르는 시장에서 매도 결정을 하기란 여간 어려운 일이 아니다. 인간의 원시 본능은 손에 쥐고 있는 것을 죽어도 놓지 말라고 명령한다. 그걸 놓치면 목숨이 위험해진다고 착각하게 만든다. 반면에 차가운 시장에서는 쥐고 있는 것을 빨리 놓으라고 한다. 얼른 손실을 확정 지으라고 한다. 본능은 언제나 강력하다. 지금 당장 집을 팔아야 할 것 같은 느낌에 압도된다. 우리가 차가운 시장에 매물을 내놓을 가능성이 높은 이유다. **차가운 시장에서 매도하려면 여러 부동산에 내놓아야 한다. 매물을 뿌려야 한다.**

물론 당신이 여러 부동산에 내놓는다고 하면 소장님은 이렇게 이야기할 것이다.

소장님 A　　단독으로 내놓아야 더 비싼 가격을 받아 줄 수 있어요.

소장님 B　　여기저기 다 내놓아 보세요. 그렇게 널린 매물이 되면 오히려 아무도 신경을 써 주지 않아요.

소장님 C　　사정이 급하다고 생각해서 매수인이 가격을 자꾸 깎으려고 해요.

틀린 말은 아니다. 실제로 그렇기도 하다. 그래서 더욱 중요한 것이 가격이다. 매수인은 가장 저렴한 물건을 찾는다. 매물을 매수인이 혹할 만한 좋은 가격에 내놓았다면? 소장님은 거래를 성사시키기 위해, 혹은 단독 중개를 하기 위해 우리가 뿌려 놓은 매물을 먼저 소개한다.

만약 널린 매물이 되는 것을 걱정한다면 약간의 추가 수수료를 약속하는 것도 좋다. 소장님에게 문자를 보내면서 네이버 광고와 공동 전산에 매물 공유를 하지 말아 달라고 요구하는 방법도 있다. 소장님 수첩 안에만 존재하는, 이른바 '수첩 매물'로 관리해 달라고 하는 것이다.

수첩 매물로 관리해 달라고 요청하면 단점이 있다. 네이버 광고로 나의 매물이 노출되지 않는다. 그러나 매수인이 부동산에 방문할 때 매물 하나만 보고 가는 일은 거의 없다. **좋은 가격에 매물을 내놓았다면 틀림없이 함께 브리핑 된다.**

핵심은 가능하면 여러 곳의 부동산에 매물을 내놓는 것이다. 한두 곳에 내놓을 것이라면 직접 방문하거나 전화 의뢰도 괜찮다. 하지만 몇십 곳 이상 매물 의뢰를 하려고 한다면 이야기가 다르다. 따로따로 상황과 조건을 설명하는 것은 너무 오랜 시간이 걸린다. 문자 메시지가 편리하다. 앞서 보았던 네이버 부동산 정보를 기억하는가? 소장님 전화번호가 나와 있었다. 부동산 상호와 전화번호를 엑셀로 정리해서 단체 문자를 보내라.

필자가 만든 부동산 문자 양식을 참고해 보자. 문자 양식은 다양한 매도 상황을 가정하여 작성했다. 필요한 부분을 발췌, 수정하여 자신만의 양식을 만들어 활용하기를 바란다.

소장님, 안녕하세요? ○○아파트 ○○동 ○○○호 소유주입니다.
네이버에서 전화번호를 보고 매물 의뢰 드립니다. 세부 조건은 아

래와 같습니다. 손님 있을 때 연락 주시면 감사하겠습니다. 좋은 인연으로 이어지기를 바랍니다.

- 주소지:
- 평형:
- 향: 남향/남서향/남동향 등등
- 의뢰 목적: 매매/전세
- 희망가: ○억 원
- 현재 거주자: 매도인/임차인/공실
- 현 상태: 세 안고/이사 가능
- 임차인 계약 갱신권 사용 여부: 사용 완료/미정/사용 안 함 또는 삭제
- 잔금일: ○월 ○○일까지/잔금 기한 없음
- 수리 상태/수리 기간 부여 가능 여부:
- 네이버 광고: 원함/원하지 않음(원할 경우 이름, 전화번호, 통신사 추가)
- 기타 특이 사항: 추가 중개 수수료 관련, 주인 전세 여부, 요구 조건 등등
- 첨부한 집 상태 사진 확인해 주세요.
- 거래 완료될 경우 별도 연락드리겠습니다.

보통은 문자를 보내면 소장님에게 답장이 온다. 짧은 대답일 수도 있고, 명함일 수도 있고, 매물을 주어서 고맙다는 표현일 수도 있다. 어떤 식이든 손님에게 매물을 소개하겠다는 적극적인 의사표시다. 하

지만 연락이 오지 않는다면?

망둥이

소장님, 안녕하세요? 어제 문자로 ○○아파트 매도 의뢰
한 사람인데요. 답장이 없으셔서… 혹시 문자가 안 갔는
지 확인차 전화드렸어요.

네, 안녕하세요? 어제 조금 바빠서 답장을 못 했네요.

소장님

망둥이

소장님이 주로 중개하시는 신축보다는 못하지만, 그래도
혹시 저렴한 매물 찾으시는 분들이 계실 수도 있잖아요.
그때 적극적으로 홍보 부탁드립니다. 조건은 어제 보내드
린 문자 내용과 같습니다.

네이버 부동산에 올려도 되나요?

소장님

가끔은 전혀 반응이 오지 않을 때도 있다. 답장하지 않고도 중개는
할 수 있지만, 이럴 때는 가만히 있지 말고 적극적으로 전화를 걸어서
어필하는 것도 좋다. 이미 조건은 문자로 모두 보내 놓았기 때문에 통
화는 비교적 간단하게 끝낼 수 있다.

다른 지역 부동산에 매물 내놓기

일반적으로 매물을 내놓을 때는 집 근처 부동산을 활용한다. 집 근처 부동산에서 손님을 데려오는 것은 상식이다. 아무리 범위를 넓혀도 옆 단지 부동산 정도다. 하지만 이왕 여러 곳에 내놓는 것이라면 조금 더 넓게 생각해 보자. 매물이 있는 지역이 아닌, 다른 지역의 부동산에도 함께 내놓는 것이 좋다.

적극적인 매수인(임차인)은 매물이 있는 지역으로 찾아온다. 내가 살고 싶은 지역의 부동산에 가서 매물을 구하는 것은 기본 중의 기본이니까. 그러나 시장에는 적극적인 매수인만 있는 것은 아니다. 소극적인 매수인도 있다. 예를 들면 이런 상황이다.

소장님: 죄송해요. 손님이 원하시는 가격에 맞는 매물이 없네요.

네, 어쩔 수 없죠. 감사합니다.

매수인

소장님: 참, 꼭 이쪽에 있는 아파트만 매수(임차)하시려고 하는 거예요?

아니요. 꼭 그런 건 아니에요.

매수인

소장님

마침 옆 동네에 좋은 매물이 나와 있거든요. 상태도 좋고 가격도 손님에게 적당할 것 같은데… 한번 보기나 하실래요?

그래요? 네, 보여 주세요.

매수인

전세가가 급등하는 시기에 임차인들은 상급지의 임대료를 감당하기 힘들어진다. 두 가지 선택지 중에 고민한다. **거주 컨디션이 확연하게 떨어지는 주변의 오래된 아파트 혹은 빌라로 가든지, 하급지에 있는 비슷한 컨디션의 아파트를 찾는다.** 자녀 교육 등의 문제로 어떻게든 버티기도 하지만, 거주 환경 때문에 하급지 아파트로 이동하는 수요도 많다.

한편 임대 수요가 매매 수요로 바뀌는 이유는 집 없는 설움 때문이다. 돈 때문에 살던 집에서 쫓겨나는 경험을 해 본 임차인들은 하급지에서라도 거주 안정을 도모하게 된다.

임차인

소장님, 이번에 임대인분이 실거주로 들어온다고 하셔서 요. 비슷한 금액으로 나온 집이 있을까요?

2년 전보다 최소 2억 원은 올랐어요. 차라리 그 돈으로 옆 동네 매매를 하는 것은 어때요?

소장님

임차인

(전세 살면 또 쫓겨날지도 모르는데, 이번 기회에 그냥 집을 살까?)

상승장에서는 매매가와 전세가 상승을 버티지 못하고 밀려나는 수요가 있다고 했다. 그럼 하락장에서는 어떨까? 부동산이 침체되면 매매가와 전세가 많이 떨어진다. **밀려났던 일부는 출퇴근, 자녀 교육, 거주 환경 등을 이유로 다시 상급지로 이동을 시도하게 된다. 순수하게 상급지에 살고 싶은 마음으로 상급지 부동산을 찾는 수요도 생긴다. 시장 상황에 따라 전략을 짜야 한다. 매수인**(임차인)**이 찾아올 확률이 높은 지역에 매물을 내놓아야 한다.**

예시로 신분당선 라인을 살펴보자. 신분당선은 강남으로 직결된다. 우리나라에서 직장이 가장 많은 곳이 강남이니 황금 라인이다. 다음 지도를 보면 강남과 가까운 정자동부터 시작해서 멀어질수록 시세가 내려간다.

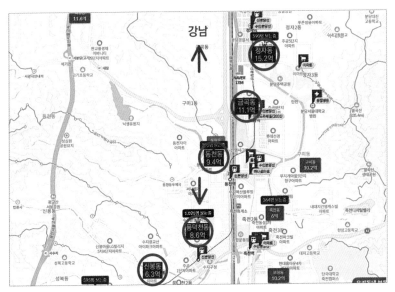

자료: 〈호갱노노〉

만약 상승장에 풍덕천동에 있는 단지를 매도하거나 전세를 맞추고 싶다면, 풍덕천동 이외에 어느 부동산에 내놓는 것이 좋을까? 전세가 오르면 상급지에서 하급지로 밀려나는 수요가 있다고 했다. 지하철 노선을 따라 금곡동과 동천동 부동산에도 의뢰해야 한다. 풍덕천동으로 이사를 오더라도 예전처럼 신분당선을 타고 출퇴근할 수 있다. 당신의 매물이 선택받을 가능성이 있는 것이다.

하락장에서는 반대다. 신봉동은 풍덕천동 배후에 있어서 신분당선을 이용한다. 그런데 역세권이 아니다. 역까지 가려면 버스를 타야 한다. 가격이 합리적인 수준까지 떨어졌다면 분명히 상급지로 갈아타려는 수요가 있지 않을까? 상상력을 발휘할 수 있어야 하는 것이다. 물론 필자라면 조금이라도 확률을 높이기 위해 상급지, 하급지 가리지 않고 모두 내놓을 것이다. 문자 하나 더 보내는 데 돈이 드는 것도 아니므로.

임차인

소장님, 이것 말고 다른 매물은 없나요?

매물이야 많죠. 참, 여기서 매매가를 조금만 더 올리면 수지구청역 역세권으로 갈 수도 있는데, 거기가 출퇴근이 낫지 않아요? 예전에는 많이 차이 났는데 요즘 줄었거든요.

소장님

임차인

아, 그쪽은 요새 얼마나 하나요?
(어차피 신분당선 타고 출퇴근하는데 한번 가 볼까?)

다만 하락장은 상승장과 다른 점이 있다. 어쩔 수 없이 밀려나서 이동해야 하는 상황이 아니다. 이동하려면 특별한 의지가 필요하다. 소장님이 적극적으로 홍보해야 효과를 볼 수 있다. 게다가 하락장에서는 소장님이 기존에 보유한 매물만 해도 차고 넘친다. 추가 수수료는 이럴 때 제시하는 것이 좋다. 추가 수수료가 없다면 소장님은 굳이 불편하게 풍덕천동까지 갈 유인이 없다.

혹시 다른 지역에 매물을 내놓으면 소장님이 싫어하지는 않을까? 소장님은 계약을 성사시키지 못하면 중개 수수료를 한 푼도 받지 못한다. 계약 성사를 위해서는 다양한 지역의 매물을 확보할수록 유리하다. 소장님이 있는 지역 내에서는 처리할 수 없는 계약도 성사시킬 수 있기 때문이다. 저렴한 전세를 찾는 손님이 있을 때 매물이 없다고 그냥 보내는 것보다 하급지 매매(전세) 물건과 연결해 주는 것이 훨씬 낫다. 걱정할 필요가 없다. 옵션이 많아지는 것이다. 소장님 입장에서는 대환영이다.

구본형 작가의 저서 『그대, 스스로를 고용하라』에 따르면 우리는 돈이 흘러오는 길목이 어디인지, 또 언제 돈이 흘러오는지 알 수 없다. 심증만 있을 뿐. 그 길목이라고 추정하는 곳까지 가도 아무것도 건지지 못할 확률도 있다. 돈을 벌기 위해서는 운이라는 요소가 크게 작용하기 때문이다. 하지만 제자리에 머무르기만 해서는 무엇도 얻을 수 없다. 먼저 내가 할 일을 다해야 운을 기대할 수 있다는 것이다.

부동산 매도 혹은 임대도 마찬가지다. 내 집을 마음에 들어 하는 딱 한 사람만 있으면 되는 게임이다. 그러나 내 집을 마음에 들어 할 매수인이 어디서 어떻게 지나갈지 모른다. 확률이 떨어진다고 생각하지 말자. **사냥감이 지나갈 만한 길목을 지키는 사냥꾼이 돼라. 할 수 있는 것부터 실행하라. 행운이 지나가는 길목까지 가는 것은 우리 각자의 몫이다.**

좋은 매물 고르는 법

누구나 좋은 매물을 사고 싶다. 문제는 좋은 매물이 무엇인지 정확하게 정의할 수 없다는 것이다. 좋은 매물을 고르려면 좋은 매물이 무엇을 의미하는지부터 알아야 하지 않을까?

어떤 사람은 입지나 전망 같은 조건이 뛰어난 매물을 좋게 본다. 어떤 사람은 가장 비싼 것이 가장 좋은 매물이라고 한다. 맞다. 돈이 아주 많은 사람에게 가격은 장애물이 아니다. 꽂히는 요소를 만족하는 매물이 좋은 매물이다. 그러나 필자를 포함한 대부분의 사람은 돈이 부족하다. 가성비가 뛰어난 물건을 찾는 데 중점을 두어야 한다.

조건이 좋아도 가격이 비싸서는 안 된다. 저렴하지만 저렴한 이유가 있는 물건이어서도 안 된다. **가치에 비해 상대적으로 저렴한 가격에 나온 물건이어야 한다. 그래야 좋은 물건이라 할 수 있다.**

아내의 핸드폰을 사기 위해 당근마켓을 검색해 본 적이 있다. 키워드는 "아이폰11 128기가"였다. 수많은 매물이 나왔다. 과연 필자는 쉽게 핸드폰을 살 수 있었을까?

매물	A	B	C
가격	39만 원	32만 원	26만 원
배터리 효율	85%	77%	72%
외관	찍힌 곳 1곳	사용감 있음	상처 없음
충전기/이어폰	없음	이어폰만 있음	있음
사용 기간	2년	2년	2년 6개월

자동차를 중고로 매매할 때는 연식이 중요하다. 아이폰은 조금 오래 써도 성능이 잘 떨어지지 않는다. 중고 시장에서는 배터리 효율과 외관 상태에 따라 가격이 형성되는 편이다.

배터리 효율과 외관을 따져서 A를 사려니 가격이 조금 사악했다. 심지어 충전기와 이어폰도 따로 사야 한다. 찍힘도 한 군데 있다. 가격과 외관을 기준으로 C를 사려니 배터리 효율이 떨어졌다. 2년 6개월이면 사용 기간도 길다. 중간인 B를 사자니 사용감이 좀 심했다. 32만 원이 적절한 가격인지 가늠이 안 된다. 혼란스러웠다.

결국 좋은 물건을 고르기 위해서는 제대로 된 자기만의 기준이 있어야 한다. 기준이 명확해야 가성비 좋은 물건을 고를 수 있다. 기준을 점검해 보았다. 우선 배터리가 중요했다. 아내가 쓰던 핸드폰이 배터리 문제로 네 시간을 못 버텼기 때문이다. 배터리 효율이 가장 좋은 A가 가장 마음에 든다. 그런데 B와 C에 비해 가격이 7만~13만 원이나 비싸다.

조금 다른 방법을 생각해 보았다. 외관이 가장 깔끔하고 저렴한 C를 사서 4만~5만 원의 비용을 들여 배터리를 교체하는 것이다. 가격과 배터리 효율 면에서 가장 이상적인 대안이라는 생각이 들었다.

당근마켓처럼 부동산 시장에서도 다양한 매물이 당신을 유혹한다. 가격이 저렴한 매물, 올수리 매물, 뷰 좋은 매물, 로열동·로열층 매물, 남향 매물 등 각각의 장점을 가진 물건들이 선택을 기다린다. 같은 단지에 있는 매물도 세부 항목이 모두 다르다.

물론 이 모든 요소가 각각 좋은 매물의 조건이라고 할 수 있다. 하지만 가격은 저렴한데 사람들이 선호하지 않는 저층이라면? 수리비가 많이 나오는 매물은 어떨까? 뷰는 좋은데 가격이 아주 비싼 매물은? 수리는 되어 있는데 취향이 일반적이지 않은 매물은?

결국 기준과 가격이다. 모든 요소를 아우르는 매물을 찾기는 어렵다. 자신이 중요하게 생각하는 조건을 명확하게 정리하고, 그에 따른 가성비를 따져 보아야 한다. 아무리 저렴해도 저층은 싫고, 남향이어야 한다면 1~2층 매물과 동·서향 매물은 처음부터 제외하는 식으로 범위를 좁힌다.

매물	A	B	C	D	E
향	남	남	남	동	남
층	5층	10층	1층	7층	13층
수리	올수리	기본	부분 수리	올수리	부분 수리
가격	3억 7,000만 원	3억 2,000만 원	2억 5,000만 원	2억 7,000만 원	3억 5,000만 원
기준	○	○	제외	제외	○

조건과 비슷한 매물을 추렸다면, 다음은 가격이다. 입주 5~6년 이내 신축이라면 크게 신경 쓸 것이 없다. 매매가가 곧 가격이니까. **하지만 구축이나 준신축은 반드시 수리 비용을 고려해야 한다.**

올수리를 할 것인지, 도배·장판·싱크대 등 부분 수리만 할 것인지, 수리하지 않을 것인지에 따라 비용이 천차만별이다. 올수리를 하고 싶다면 수리된 매물과 수리되지 않은 매물의 가격 차이를 알아보자. 그리고 수리 비용과 비교해 보자. 2022년 전 세계적인 인플레이션 이후 인테리어 비용, 특히 인건비가 상당히 높아졌다. 생각보다 수리비가 많이 나올 수 있음에 유의하자.

올수리를 선택했다면 극단적으로 허름한 매물을 가장 싸게 매수하는 것이 좋다. 그냥 써도 괜찮지 않을까 하는 생각으로 애매하게 수리된 물건을 애매한 가격에 샀다가 결국은 다 뜯어내는 일이 생긴다. 일부만 수리하면 수리하지 않은 부분이 눈에 확 띄기 때문이다. **수리하지 않을 거라면 올수리 매물을 조금 비싼 가격에 매수할지, 그냥 살 만한 매물을 조금 저렴하게 매수할지 선택해야 한다.**

한편 아무리 마음에 들어도 거래 조건이 맞지 않는 매물은 걸러 내라. 수리해야 하는데 수리 기간을 줄 수 없는 매물, 잔금 기간이 지나치게 짧아서 전세 구할 시간이 없는 매물 등은 모두 제외하자. 조건이 까다로운 매물의 가격이 일반적으로 더 저렴하긴 하지만 내가 조건을 맞출 수 없는 이상 그림의 떡이다.

여러 번 찌르면 가격은 오히려 오른다

A는 네이버 부동산을 검색하는 도중 마음에 드는 매물을 발견했다. 시세 대비 저렴했다. 하지만 올라온 가격보다 더 싸게 사고 싶은 것이 인지상정 아닌가?

▷ 네이버 부동산 매물 화면

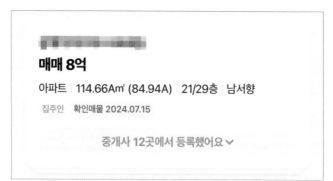

부동산 열두 곳에서 매물을 올렸다. 처음 함께 집을 본 부동산에서 가격 협상을 했지만 어림도 없었다.

A는 포기하지 않았다. 소장님이 적극적으로 나서지 않은 탓이라 생각했다. 혹시나 긍정적인 답변을 주는 부동산이 있을지 모르는 일이다. 몇 군데 부동산을 통해 또다시 가격 협상을 했다.

매수인

소장님, ○○아파트 ○○○동 ○○○호 매물 있으시죠? 이거 5,000만 원만 깎을 수 있을까요?

이미 싸게 내놓은 거라 매도인도 더 싸게는 팔지 않을 거예요.

소장님

매수인

네, 알겠습니다.

신기한 일이 벌어진다. **분명히 문의하는 매수 대기자는 한 명밖에 없다. 그러나 매도인은 다수의 매수인에게 연락받는 셈이다.** 어제까지만 해도 매물을 찾는 사람이 없었는데 갑자기 매수자가 늘어난 것만 같은 느낌을 받는다.

소장님

사장님, 매물을 찾는 손님이 계시는데 혹시 추가로 조정해 주실 생각은 없으신가요?

(오늘 소장님에게 전화가 왜 이렇게 많이 오지?) 죄송해요. 가격 내릴 생각은 없습니다.

매도인

매도인의 머리에 불이 깜빡인다. 아드레날린이 분비된다. 가격을 올려 팔 수 있을 것만 같다. 경쟁이 붙는 상황에서 이 가격에 팔기에는 조금 억울하다는 생각이 든다. 안 그래도 너무 싸게 파는 것 같아서 마음이 좋지 않았는데 이참에 가격을 올린다. **결과적으로 매수인이 여기저기에서 매도인을 찌른 덕분에 조정은커녕 가격이 오른 것이다.**

마음에 드는 물건이 있다고 여러 소장님을 통해 찔러보지 말자. 먼저 내 편이 되어 가격 조정에 나서 줄 소장님을 찾아라. 한 소장님을 통해서만 흥정하라.

매수용 소장님을 가려내기 위한 질문

가끔 사람들은 소장님이 자신의 가치관에 따라 움직인다고 생각한다. 이를테면 어떤 소장님이 이 동네에 오래 살았기 때문에 매도인에게 유리한 중개를 한다는 식이다. 매도인의 입장에서 가격 방어를 해 주는 소장님을 '매도용 소장님'으로, 매수인의 입장에서 가격 협상을 해 주는 소장님을 '매수용 소장님'으로 구분하기도 한다. 재미있는 용어지만, 부동산 가두리처럼 확실한 오해일 가능성이 높다.

자본주의에서 사람들은 자신의 이익을 좇는다. 소장님은 계약이 성사되었을 경우에만 이득을 볼 수 있다. 일방적으로 한쪽 편을 들어줄 이유가 없다. 다만 사려는 사람이 많을 때는 매도인의 심기를 건드릴까 봐 매도인 편을 들고, 팔려는 사람이 많을 때는 어떻게든 매수인의 조건을 맞춰 주려고 노력할 뿐이다.

그럼에도 불구하고 가격 조정을 요구할 때 적극적으로 나서는 소장님과 소극적으로 응하는 소장님이 구분되는 것은 맞다. 마음에 드는 매물을 여러 부동산에서 올렸다면 어떤 소장님과 일을 진행하는 것이 좋을까? 전화를 걸어 세 가지 질문을 던져 보자.

첫째, "중도금이나 잔금 조건이 따로 있을까요?"라고 질문하라. 가장 기본적인 질문 중 하나다. 소장님이 해당 매물을 얼마나 파악하고 있는지 알 수 있다. 소장님은 매물 의뢰를 받으면 매도인의 조건을 확인한다. 하지만 거주인, 이사일, 수리 상태 등만 간단하게 물어보고 상세 조건은 나중에 파악하는 소장님도 있다. 이런 소장님을 걸러 내기 위한 장치다. 정확하게 알고 있다면 합격이다.

둘째, "매도인분은 집을 왜 파신데요?"라고 질문하라. 매도인이 집을 파는 이유를 아는 것은 협상에서 매우 중요하다. 뒤에 다시 한번 언급하겠지만, 파는 이유를 알아야 매도인의 심리를 추측할 수 있으며 얼마까지 가격 조정이 가능한지 계산이 선다. 소장님도 이 사실을 잘 안다. 소장님이 매도 이유를 정확하게 알고 있다면 다른 부동산보다 매도인과 조금 더 직접적인 관계를 맺고 있을 가능성이 높다. 만약 아니더라도 최소한 적극적으로 알아보려고 노력했다는 뜻일 것이다. 이유를 모르는 소장님보다 유리하게 협상에 임할 수 있다.

셋째, "혹시 어느 정도 깎을 수 있을까요?"라고 질문하라. 첫 통화 단계에서 이야기를 꺼낸다면 대부분 아래와 같은 답변이 돌아올 것이다.

1 지금도 싼 가격이라 아마 안 깎아 주실 거예요.

2 500만~1,000만 원 정도는 깎아 주지 않을까요?

3 글쎄요. 한번 깎아 봐야죠.

4 최선을 다해서 가격을 맞춰 보겠습니다.

사람의 성향은 말로 표현되고, 말은 행동을 결정한다. 본격적으로 가격 협상을 시도했을 때 1~3번처럼 말하는 소장님은 과연 어떻게 협상에 나설까? 적극적으로 가격 조정을 시도해 줄까? 매도인을 설득할까, 아니면 당신을 설득할까? 4번처럼 말하는 소장님은 적극적인 영업 마인드를 가지고 있을 가능성이 크다. 다음과 같이 매도인을 설득할 것이다.

A 사장님, 매수인분이 꼭 여기 사고 싶은데 예산이 모자란대요. 새로 매수하는 물건 제가 더 많이 깎아 드릴게요. 가격 조정 좀 해 주세요.

B 손님이 ○억 원까지 깎아 주시면 계약하신대요. 대신 중도금은 한 달 내로 ○억 원까지 맞춰 주실 수 있대요. 중도금도 맞춰 주실 수 있는데, 깎아 주세요.

C 제가 중개를 하다 보니 빨리 팔고 더 좋은 거 사는 분이 결국 이득을 보시더라고요.

D 작은 돈 때문에 팔아야 할 때 팔지 못하고 후회하는 분들 많이 봤어요. 상급지 부동산 더 오르기 전에 얼른 팔고 갈아타기 하세요.

물론 소장님이 적극적으로 나선다고 해서 원하는 가격까지 깎을 수 있을지는 미지수다. 하지만 무엇이든 당신이 할 수 있는 것은 다 해 놓아야 한다. 나머지는 하늘에 맡길 뿐이다. 적극적이고 협조적인 소장님을 선택하는 것은 당신이 할 수 있는 일이다.

급매를 잡기 위해 기억해야 할 세 가지

듣기만 해도 가슴 떨리는 그 이름 급매. 급매는 어떻게 잡는 것일까? 당장 네이버 부동산에 들어가 보면 급매물이 넘친다. 한 달이 훨씬 넘게 급매 이름표를 달고 올라와 있는 경우도 많다. 물론 소장님도 기존 매물 대비 저렴하니까 급매라는 말을 붙였을 것이다. 하지만 이런 매물을 급매라고 하기에는 뭔가 어색하다. **매물이 팔리지 않고 있다면 현재 시장 참여자들이 그 가격을 급매라고 인정하지 않는다는 의미는 아닐까?**

▷ 네이버 부동산 매물 화면

매매 7억 8,000

아파트 | 130.52Bm² (99.61B) | 저/25층 | 남서향

"세끼고 급매 올수리, 단지조경 훌륭, 수변공원 접함"

등록 2024.07.03

사람마다 매물을 보는 눈이 다르듯이 급매의 기준 또한 다르다. 필자에게 급매는 부동산에 나온 후 1~2일 안에 바로 거래될 수 있는 가격대의 매물을 뜻한다. 진짜 급매라면 네이버에 올라가기 전, 소장님 수첩 안의 손님 선에서 처리될 수 있어야 한다.

누구나 급매를 잡고 싶다. 막상 급매를 잡았다는 사람은 별로 없다. 급매는 다음의 조건 삼박자가 딱 맞아떨어졌을 때만 잡을 수 있기 때문이다.

첫째, 소장님에게 가장 먼저 연락받을 수 있어야 한다. 진짜 급매는 네이버 부동산에 올라오기 전에 처리된다고 했다. 연락받을 수 없다면 급매를 구경할 길이 없다. 많은 사람이 먼저 연락받기 위한 방법으로 소장님에게 추가 수수료를 약속한다. 하지만 추가 수수료 약속보다 중요한 것이 있다.

진짜 급매가 나오면 소장님도 마음이 급해진다. 급한 매도인이 과연 매물을 한 소장님에게만 내놓았을까? 한시가 급한데 물불 가릴 처지가 아니다. 몇 군데 부동산에 함께 내놓았을 것이다. 이제부터는 속도 경쟁이다. 더 빨리 매수인을 데리고 오는 부동산이 모든 계약의 과실을 가져간다.

성향에 따라 다르지만 소장님은 우선 가장 살 만한 사람들에게 연락을 돌린다. 직접 부동산에 방문해서 상담했던 사람과 전화로만 상담했던 사람 중 누구에게 먼저 연락이 가겠는가(하락장에서는 가릴 것

없이 아는 번호로 문자를 다 보낸다)? 소장님은 전화로만 급매 부탁을 하는 손님에게 시간 낭비하지 않는다. 전화로 분위기만 떠보는 손님이 한두 명이겠는가? 바로 살 것처럼 이야기해서 연락했는데 잠수를 타기도 한다. 한두 번 당해 본 것이 아니다.

속도 경쟁에서 승리하기 위해서는 확실하게 사겠다는 신호를 받은 사람에게 연락하는 것이 중요하다. 추가 중개 수수료는 거래가 안 되면 의미가 없는 것 아닌가. 따라서 급매를 잡으려는 의지가 있다면 최소한 부동산에 가서 소장님의 눈도장을 찍어야 한다.

이왕 눈도장을 찍을 거라면 확실하게 찍는 것이 좋다. 급매가 나왔을 때 소장님은 다음의 A, B 중 누구에게 먼저 연락할까?

 소장님, 급매 나오면 연락 한번 주세요. 좋은 매물 소개해 주시면 복비 넉넉하게 드릴게요.

매수인 A

 소장님, 저 이번에 집 팔아서 현금으로 1억 원 들고 있어요. 잔금은 3개월 후에 받을 예정이에요. 아이가 내년에 초등학교 들어가야 하는데, ○○초 보내고 싶어서 여기 물건 꼭 계약하고 싶어요. 기준층 6억 원 이하 급매 나오면 꼭 저에게 먼저 연락 부탁드릴게요.

매수인 B

B는 현금이 있다. 반드시 이 단지를 매수해야 하는 이유도 있다. 금액도 구체적이다. 확실히 계약할 사람이다. 소장님은 괜히 A에게 연

락했다가 시간을 빼앗기느니 B에게 연락한다. 여기에 B가 추가 수수료까지 약속한다면 더 이상 볼 것도 없다. 가능하면 추가 수수료도 "넉넉하다"라는 말처럼 애매한 것보다 구체적으로 제시하는 게 좋다.

둘째, 급매 가격에 대한 정확한 기준이 있어야 한다. 한 번 더 당근마켓 이야기를 해 보겠다. 당근마켓에서 키워드 알람을 설정해 놓으면 새로 등록되는 물건이 올라올 때마다 알람이 온다. 어떤 물건은 비싼 가격에 올라오지만, 정말 싼 가격의 물건이 나올 때도 있다.

일반적으로 우리가 매우 저렴한 물건을 잡을 가능성은 떨어진다. 상태 대비 진짜 싼 가격인지 분석하다가 시간이 다 지나가기 때문이다. 분석을 끝내고 채팅을 보내면 이미 거래 완료다. 진짜 저렴한 물건은 10초 안에도 거래된다. 물건을 잡기 위해서는 알람이 오자마자 결정해야 한다. 당근마켓 앱을 켜는 동시에 가격의 적절성 판단을 끝내야 하는 것이다.

처음에는 싼지 비싼지 감도 잡히지 않는다. 그런데 알람을 계속 보다 보면 재미있는 일이 생긴다. 물건 가격이 점점 눈에 들어오는 것이다. 2~3주 이상 꾸준히 관찰하다 보면 어떤 물건이 바로 나가는 것인지 알게 된다. 상태 대비 저렴한 물건을 바로 구별해 낼 수 있다.

물론 부동산은 훨씬 더 어렵다. 당근마켓 물건은 핸드폰에 나온 정보만으로도 적당히 구별해 낼 수 있다. 이에 비해 부동산은 직접 가서 봐야 한다. 확인할 것도 많다. 입지나 주변 환경도 봐야 하고, 가격도 봐야 하고, 집 상태도 봐야 하고, 매도 조건도 봐야 한다.

다양한 조건을 종합하여 한눈에 급매인지 파악하기 위해서는 결국 많이 보는 방법밖에는 없다. 임장도 다니고 시세도 꾸준히 확인해야 한다. 이 단지의 기준층은 저층 대비 얼마 정도 차이 나는 가격에 거래가 되는지, 수리된 매물은 수리되지 않은 매물에 비해 몇 퍼센트 정도 비싸게 나오는지 머릿속에 넣어 두어야 한다. 그렇게 보다 보면 현재 상태 대비 얼마 정도가 적정가인지, 얼마 정도 저렴한 가격인지, 이 정도면 안전 마진(하락해도 타격이 작도록 매수할 때부터 이익을 얻고 들어가는 것)이 얼마인지 감이 온다.

셋째, 현금을 갖고 있어야 한다. 아무리 소장님에게 눈도장을 찍고, 급매라는 판단이 들었다 할지라도 현금이 없으면 무용지물이다. 급매는 결국 '누가 가장 먼저 계약금을 밀어 넣을 수 있는가' 싸움이다. 중도금과 잔금은 대출로 처리하더라도 최소한 계약금 정도는 통장에 있어야 한다.

투자할 때 '전세 살지 말고 월세 살라'는 말이 유효한 것도 자금을 쉽게 융통할 수 있기 때문이다. 계약 기간이 끝나지 않았는데 임대인에게 바로 전세 보증금을 돌려달라고 할 수는 없다. 임대인이 전세 보증금을 들고 있을 가능성도 작다. 전세 보증금은 새로운 임차인이 계약할 때까지 돌려받지 못한다고 생각해야 한다. 반면에 월세를 살면 보증금을 통장에 넣고 급할 때 운용하기가 쉬워진다.

자금 계획도 미리 세워 놓는 것이 좋다. 자기 자본은 얼마인지, 대출은 얼마나 받을 것인지, 대출 신청을 하면 얼마 만에 받을 수 있는

지도 알아 두어야 한다.

　대부분 급매를 잡으려다가 포기한다. 급매를 잡으려면 부동산을 돌아다니고, 집을 보며 시간과 노력을 투입해야 한다. 돈 계산도 끝내 놓아야 한다. 한없이 기다리다 보면 조급한 마음이 든다. 어렵고 힘들다. 하지만 어렵고 힘들기 때문에 기회가 있는 것이다. 자본주의는 다른 사람의 이익을 가져와야 나의 부를 늘릴 수 있는 구조로 되어 있다. 아무 노력도 없이 거저 얻을 수 있는 것은 없다는 사실을 기억해야 한다.

　단, 급하더라도 집은 반드시 보고 사야 한다. 도저히 상황이 어려우면 소장님에게 상태 확인이라도 부탁해야 한다. 사진이라도 먼저 받아 보아야 한다. 수리가 필요한 상황이라면 가격 적절성에 대한 계산을 다시 해야 한다. 수리 기간도 고려해야 한다. 매도인이 추후 수리 시간을 주지 못하는 상황이고, 당신도 잔금을 먼저 치를 수 없는 상황이라면 문제는 커진다. 필자는 빨리 가계약금을 넣으라는 소장님 말에 집을 안 보고 샀던 적이 있다. 나중에 보니 문제가 많은 집이었다. 수리비 수천만 원을 손해 보았다. 당신은 그러지 말라.

잔금 기간이 급한 매물 잡는 방법

　이따금 매도인이 집을 급하게 넘겨야 하는 경우 가격이 저렴한 매물이 나오기도 한다. 특히 비과세 기한이 다 되었을 때 그렇다. 가격은 저렴하지만, 매수인도 접근하기가 힘들다. 보통 계약금 정도만 현금으로 들고 있기 때문이다. 잔금은 이전 주택 매도 잔금을 받거나 전세 보증금을 돌려받아서 마련해야 한다. 매도인이 2~3주 안에 집을 매도하기가 어렵듯이, 매수인도 2~3주 안에 잔금을 마련하기는 어렵다.

이럴 때 매도인이 동의한다면 잔금을 지불하기 전에 명의를 먼저 가져오는 방법을 활용해 볼 수 있다. 계약금과 중도금까지만 입금하고 소유권이전등기를 먼저 하는 것이다. 비과세 기간 내라면 매도인은 세금 혜택을 받을 수 있다. 하지만 잔금을 못 받지 않았는가? 불안하다. 그래서 매매 계약을 하는 동시에 매도인이 그 집에서 임차인으로 사는 전세 계약을 진행한다. 전세 보증금과 잔금은 동일하게 맞춘다.

매수인이 잔금을 마련하면 매도인이 이사를 나가면서 전세 보증금(=잔금)을 돌려받으며 거래를 마무리 짓는 구조다. 매도인은 임대차보호법에 의해 보증금(=잔금)을 보호받을 수 있다. 매도인은 비과세를 받고, 매수인은 저렴한 가격에 주택을 매수하는 방식이다.

명의를 먼저 넘기는 방법은 당신이 매도인일 때도 활용할 수 있다. 싸게 넘기면서 보는 손해보다 비과세 이익이 크다면 고려해 보는 것도 좋다. 종종 활용되는 방법이지만 계약 과정이 일반적이지 않다. 경험 있는 소장님과 충분히 논의 후 실행하기를 바란다.

갈아타기 순서와 타이밍

무주택자와 유주택자는 사고 체계가 다르다. **무주택자일 때는 현금을 중심으로 생각한다.** 이익을 봐도 현금, 손해를 봐도 현금이다. 눈에 보이는 숫자가 떨어지는 것이 고통스럽다. 혹시나 현금 손해를 볼까 봐 집을 사지 못한다. **유주택자는 다르다. 내가 사는 곳에 더 집중한다. 자산을 중심으로, 실거주 가치를 중심으로 사고한다.** 더 좋은 자산인가? 사람들이 선호하는 곳인가? 아이는 잘 키울 수 있는 곳인가? 충분하게 넓은가? 새것인가?

하나를 갖고 있으면 두 개를 갖고 싶다. 작은 것을 갖고 있으면 큰 것을 갖고 싶다. 낡은 것을 갖고 있으면 새것을 갖고 싶다. 사람 심리가 그렇다. 유주택자 대부분이 더 좋은 곳에 살고자 한다. 자산 규모를 키우고자 한다. 그래서 갈아타기를 한다. **갈아타기는 현재 살고 있는 곳보다 입지가 더 좋은 상급지로 향한다. 이유는 분명하다. 상급지가 더 살기 좋고, 더 많이 오르기 때문이다.**

갈아타기의 목적은 명확하다. 그러나 막상 갈아타기를 할 때 고민이 되는 문제가 있다. 순서다. 매도를 먼저 하고 매수해야 하는 걸까? 매수를 먼저 하고 나중에 매도해야 하는 걸까? 양쪽 모두 리스크가 있다.

보통 우리 집을 먼저 매도하고 이사 갈 집을 매수한다. 매수를 먼저 할 때 생기는 리스크가 더 무섭게 다가오기 때문이다. 갈아타기는 대부분 내 집보다 비싼 곳으로 향한다. 기존 집을 처분한 돈에 대출이나 현금을 추가로 동원해야 갈아타기를 할 수 있다.

매수를 먼저 했을 때 기존 주택이 매도가 안 되면 압박감이 크다. 잔금 기간은 점점 다가오고, 우리 집은 팔리지 않는다면 어쩔 수 없이 헐값에 내놓아야 한다. 최초 기존 주택 매도 가격을 대략 계산하고 상급지를 매수했을 것이다. 예상보다 더 낮은 가격에 팔게 되었으니 추가로 돈을 구해야 한다. 헐값에라도 팔 수 있으면 다행이다. 끝까지 집이 안 팔릴 경우 계약금을 날린다. 당신에게 집을 판 매도인이 다른 계약까지 해 두었다면 상황이 심각해진다. 밤에 잠이 오지 않는다.

하지만 사람들이 깊이 생각하지 않을 뿐 매도를 먼저 했을 때도 리스크는 있다. 어느 날 매도 계약이 되었다. 갈아타기 할 곳을 찾아보니 원하는 아파트의 매물이 없다. 가격이 올랐다. 시장 분위기가 심상찮다. 우리 집 매매가도 상급지 매매가도 모두 뛴다. 원하는 지역으로 가지 못할 수도 있다. 그야말로 '닭 쫓던 개' 신세가 되는 것이다. 조급하게 매수를 진행할 수밖에 없다.

양쪽 모두 리스크가 있다. 따라서 갈아타기 순서는 시장 분위기에 따라 유연하게 판단하는 것이 좋다.

첫째, 하락장에서는 반드시 '매도 → 매수' 순서로 갈아타기를 해야 한다. 현금이 넉넉하다면 매수를 먼저 해도 되겠지만, 필자가 말하는 것은 일반적인 상황이다. 대부분은 현금이 없다. 게다가 하락장에서는 거래 자체가 잘 안된다. 수요가 꾸준한 상급지 주택은 가격을 낮추면 어떻게든 거래된다. 하급지는 다르다. 가격을 낮추어도 거래가 안 된다. 잔금을 치르지 못하는 리스크가 더욱 커지는 것이다.

하락장에서는 매도를 먼저 하라. 그리고 갈아타기 목적으로 매도를 결정했다면 욕심을 버려라. 목적에 집중하자. 헐값에 팔았어도, 그보다 더 저렴하게 상급지 주택을 잡을 수 있으면 된다. 갈아타기라는 소기의 목적을 달성할 수 있다. 싸게 파는 것이 아까워서 가격을 내리지 못하면 거래는 안 된다. 누군가 우리 집 가격을 보고 혹할 수 있도록 최저가보다 더 낮춰서 내놓아야 한다. 이와 동시에 매수하려는 단지 몇 곳을 정하라. 꾸준히 시세를 트래킹하라.

둘째, 상승장에서는 '매수 → 매도' 순서로 갈아타기를 하는 것도 괜찮다. 하락장에 비해 거래가 잘되기 때문이다. 또한 상급지 부동산 가격이 하급지보다 먼저 뛸 가능성이 높다. 도망가기 전에 미리 잡아두는 것이 좋다. 다만 여전히 우리 집을 처분하지 못할 확률이 존재한다. 이를 막기 위한 두 가지 방법을 제시하겠다.

현금 여력이 어느 정도 있고, 매매가와 전세가의 차이가 크지 않은 상황이라면 임차인이 있는 전세 낀 매물을 저렴하게 계약하자. 그럼 우리 집을 매도할 시간을 6개월 이상 벌 수 있다. 임차인의 계약 기간이 종료될 때 실거주를 사유로 계약 갱신 청구권(임대차 계약 종료 시 임대료 5퍼센트 증액분 이내로 임차인을 2년 더 거주할 수 있도록 하는 권리)을 거부하고 이사를 들어가는 방법이다.

하지만 대부분 현금 여력이 크지 않다. 또한 상승장이라면 매매가와 전세가의 차이가 벌어지기 마련이다. 그럼 애초에 잔금 기한이 최대한 긴 매물을 계약하는 것이 좋다. 잔금 기한이 길지 않다면 소장님과 먼저 상의하라. 매도인과 협의하여 잔금 기한을 늘릴 수도 있다.

만약 시장에 그런 매물이 없고, 잔금 처리하는 것도 불안하다면 '매도 → 매수'를 선택하라.

갈아타기를 할 때 가장 좋은 방법은 매도와 매수를 동시에 진행하는 것이다. 매도·매수 동시 진행은 우리 집 매도 가계약금을 받자마자 갈아탈 집 매수 가계약금을 넣는 방식이다. 이후 매도 계약금을 다 받으면 매수 계약금을 넣는다. 중도금과 잔금도 마찬가지다. 매도·매수를 동시에 진행하면 내 집이 팔리지 않을 리스크도, 내 집을 팔았는데 집값이 오르는 리스크도 상당 부분 줄일 수 있다(단, 동시에 진행하려면 우리 집을 내놓은 상태에서 꾸준히 매수할 집을 봐 둬야 한다).

동시 진행을 할 때는 양쪽 거래 조건을 맞춰라. 예를 들어 당신의 집을 5억 원에 팔기로 하고 가계약금으로 500만 원을 받았다. 갈아타기 할 집은 7억 원에 사기로 하고 가계약금으로 1,000만 원을 넣었다. 이 상황에서 갑자기 매수인이 계약을 포기한다면(중도금을 넣기 전까지는 계약금 포기로 일방적인 계약 해제가 가능하다)? 급매로라도 가격을 낮춰서 새 매수인을 구할 수 있으면 다행이다. 시간이 촉박하면 가격을 내려도 매도가 안 될 수 있다. 가계약금을 포기해야 하는 상황이 온다. 문제는 당신이 받은 돈은 500만 원인데, 포기해야 할 돈은 1,000만 원이라는 것이다. 당신은 잘못한 것이 없음에도 500만 원의 손해를 떠안는다. 따라서 가계약금은 받은 만큼만 넣는 것이 좋다.

그런 상황을 만들지 않도록 강제하는 방법도 있다. 애초에 매수인과 문자로 가계약이 아닌 계약을 하는 것이다. 문자 계약도 계약으로 인정되는 경우를 기억하는가? 우리가 흔히 아는 가계약 문자에 매매 목적물 주소가 정확하게 기재되어 있고, 계약금·중도금·잔금 날짜와 금액이 명시되어 있는 경우 일반적인 계약으로 볼 수 있다는 대법원 판례가 있다. 소장님에게 요청하라. 문자를 주고받기 전에 위의 내용을 모두 협의하라. 문자에 넣어라. 이제 매수인이 넣은 돈은 가계약금이 아니다. 계약금 일부가 된다. 매수인이 계약을 포기하겠다고 하면, 계약금 전체를 달라고 요구할 수 있다. 매수인은 계약을 이행할 수밖에 없다.

어떻게 계약하느냐에 따라 당신에게 유리하게, 혹은 불리하게 작용할 수 있다. 예를 들어 당신의 집을 계약한 매수인과는 가계약을 맺었는데, 당신이 갈아탈 집의 매도인과는 계약에 준하는 문자를 주고받았다고 가정해 보자. 당신의 집을 산 매수인은 가계약금만 포기하면 된다. 하지만 당신이 갈아탈 집의 매도인은 당신에게 계약금 전체를 요구할 수 있다. **따라서 거래 시에는 매수인과 매도인 양쪽 모두와 가계약을 할지 계약을 할지 맞추는 것이 좋다**(현실은 자신이 가계약을 맺었는지 계약을 맺었는지도 모르는 사람이 대부분이다).

여기서 끝이 아니다. 계약에 준하는 문자를 주고받았는가? 계약금은 보통 10퍼센트로 정한다. 그런데 갈아타기는 더 비싼 곳으로 향한다. 같은 퍼센트라도 매도와 매수의 계약금 액수가 다르다. 양쪽 모두 계약 취소를 해야 하는 상황이라면 5억 원의 10퍼센트인 5,000만 원을 받아도 7억의 10퍼센트인 7,000만 원을 포기해야 한다. 2,000만 원을 손해 보는 것이다. 이런 상황을 막으려면 애초에 내 집을 사기로 한 매수인에게 계약금을 15퍼센트 받는 것으로 협의하거나, 갈아타기를 할 집의 계약금 액수를 줄여야 한다. 그래야 일이 잘못되더라도 중간에서 손해 보는 일이 없다.

계약금 전액이 들어왔으면 쉽게 계약을 파기하기는 어렵다. 수천만 원 이상을 포기하는 것은 타격이 크기 때문이다. 또한 중도금이 들어간 시점부터는 일방적으로 계약을 파기할 수 없다. 안심해도 된다.

그렇다면 갈아타기에 유리한 시기는 언제일까? 더 좋은 주택을 사서 지킬 수만 있다면 장기적으로 큰 보상이 돌아온다. **좋은 자산으로 갈아타는 시도는 언제나 옳다. 시기를 가리지 않고 가능할 때 하는 것이 맞다.** 그럼에도 분명히 효율적인 타이밍은 있다. 사람들은 주로 상승장에서 부동산 시장이 뜨거워지는 것을 확인하고 갈아타기를 시도한다. 이사 가려고 했던 아파트가 크게 오르는 것이 보인다? 무리해서 갈아타려고 한다.

상승장에서는 상급지 아파트와 하급지 아파트의 가격 차이가 벌어진다. 똑같이 10퍼센트가 올라도 자산의 크기에 맞춰 절대 금액의 크기가 달라지기 때문이다. 예를 들어 8억 원 아파트와 12억 원 아파트는 똑같이 10퍼센트가 올라도 각각 8,000만 원과 1억 2,000만 원으로, 4,000만 원의 차이가 더 벌어진다. 그런데 현실에서도 상급지 아파트와 하급지 아파트가 똑같은 비율로 오를까? 더 좋은 자산에는 더 많은 욕망이 몰린다. 가격 차이가 벌어졌을 때 갈아타는 것은 효율적이지 않다.

우리는 강남처럼 입지가 좋은 곳은 하락장에서도 잘 떨어지지 않을 것으로 생각한다. 아니다. 입지가 좋은 곳은 상승장에서 투자수요가 더 많이 몰린다. 실수요 이상으로 투자수요가 몰리니 가격이 더 오른다. 하락장에서는 반대다. 평균 회귀의 법칙에 따라 비이성적인 상승이나 하락은 결국 평균으로 수렴한다. 다시 말해, 많이 오르면 많이 떨어진다. **갈아타기는 상대적으로 시장이 차가울 때, 절대 금액이 작을 때, 하락장에서 하는 것이 좋다.** 1주택자가 하락장에서 취할 수 있는 최고의 포지션은 공포에 질리는 것이 아니다. 저렴한 비용으로 갈아타기에 성공하는 것이다.

대한민국에서는 갈아타기만 잘해도 어느 정도 부를 축적할 수 있다. 오히려 투자한다고 부화뇌동하며 단기 투자에 몰두한 사람보다 실거주에 방점을 두고 갈아타기만 한 사람이 훨씬 더 큰 부를 형성한 경우가 많다. 집은 사는 것buy이 아닌 사는 것live이라는 말의 의미를 되새겨 볼 필요가 있는 것이다. 예술적인 갈아타기를 통해 당신의 부를 늘려 가기를 바란다.

업 계약, 다운 계약

매매를 하면서 상식적이지 않은 요구를 받을 때가 있다. 대표적인 것이 업up 계약과 다운down 계약이다.

업 계약은 탈세를 목적으로 실제 거래 금액보다 높은 가격에 실거래 신고를 하는 것이다. 실제 계약은 5억 원에 했는데, 신고는 6억 원에 하는 식이다. 업 계약서를 쓰면 누구에게 유리할까? 매수인이다. 만약 누군가 집을 5억 원에 사서 6억 원에 매도한다고 가정해 보자. 1억 원이 올랐지만 처음부터 신고를 6억 원에 했기 때문에 양도차익이 발생하지 않는다. 비과세 아닌 비과세를 받을 수 있다. 매도인도 비과세를 받고 파는 상황이라면 업 계약을 해도 추가로 내야 할 세금이 없다. 그럼에도 매수인에게 일방적으로 유리한 계약이다. 거래가 잘 안되는 차가운 시장에서 이루어진다.

다운 계약은 실제 거래 금액보다 낮은 가격에 실거래 신고를 한다. 매도인이 집을 3억 원에 매수해서 5억 원에 팔았는데, 신고는 4억 원에 한다고 가정해 보자. 원래대로라면 양도차익 2억 원에 관한 세금이 부과되지만, 다운 계약을 할 경우 양도차익이 1억 원으로 줄어든다. 매도인에게 유리한 방식이다. 뜨거운 시장에서 이루어진다.

KB 시세가 나오고 실거래가를 명확하게 파악하기 쉬운 주택과 달리 분양권은 시세 파악이 쉽지 않다. 비과세가 없고, 부과되는 양도세도 크다. 뜨거운 시장에서 분양권을 매매할 때 다운 계약 이야기가 심심찮게 나오는 이유다.

하지만 이는 모두 불법이다. 거래 당사자 중 누군가 변심하여 자진 신고하거나 적발되면 매도인과 매수인, 공인중개사까지 모두 처벌받는다. 양도세 비과세를 받지 못한다. 최고 40퍼센트의 가산세와 거래 금액 5퍼센트 이내의 벌금을 내야 한다. 돈을 벌려고, 혹은 돈을 아끼려고 했던 불법 행위로 큰 곤욕을 치를 수 있는 것이다.

[📚]
전세의 기술

투자가 목적이거나 먼 미래에 갈아타기 위해 집을 샀다면 월세를 받는 일부 이외에는 대부분 전세 계약을 한다. 여기에서는 부동산에서 전세가 갖는 의미와 기한 내에 전세를 맞추기 위해 주의해야 할 점을 알아보겠다.

대한민국 부동산에서 전세가 갖는 의미

부동산을 살 때 내 돈 100퍼센트를 사용할 수 있다면 마음이 편할 것이다. 하지만 대한민국에는 세계 어디에서도 찾아보기 힘든 전세라는 제도가 있다. 집값을 모두 지불하며 투자하는 것은 그리 효율적이지 않다. 언뜻 전세는 임차인에게 일방적으로 유리해 보이는 제도다. 2년 동안 내 돈을 임대인에게 맡겨 놓으면 월세를 낼 필요가 없기 때문이다.

하지만 이는 표면적인 현상에 불과하다. 임대인은 아무 이익 없이 자선 봉사를 하는 사람일까? 여러 차례 말했지만 자본주의 체제에서 동기(이익) 없는 행동은 없다. 화폐 발행량이 증가함에 따라 주택과 같은 우량 자산은 장기적으로 우상향한다. 하지만 같은 주택 중에서도 입지가 좋은 곳이 더 많이 오른다. 사람들의 욕망은 늘 더 희소한 것, 더 좋은 것을 향하기 때문이다. 임대인은 임차인의 전세금을 레버리지 삼아 상급지 주택을 매수하여 더 큰 시세 차익을 얻을 수 있다.

▷ 대전과 광주 아파트 매매가 비교 그래프

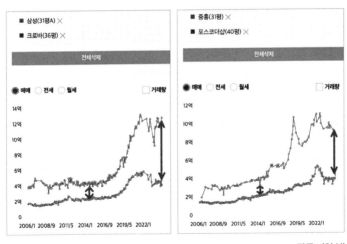

자료: 〈아실〉

위 그래프는 대전과 광주 아파트의 가격 변화를 비교해 놓은 것이다. 2014년에 투자자 A, B, C, D에게 2억 원 정도의 투자금이 있었다고 가정해 보겠다. 대전에서는 중구 오류동의 삼성 아파트, 광주에서는 서구 치평동의 중흥 아파트를 대출 없이 살 수 있었다. 하지만 같은 시점에 전세를 활용했다면 서구 둔산동 크로바 아파트와 남구 봉선동 포스코더샵 아파트를 살 수도 있었다. 더 적은 투자금으로.

A와 B는 자기 자본 100퍼센트로 각각 삼성 아파트와 중흥 아파트를 샀다. C와 D는 전세를 끼고 각각 크로바 아파트와 포스코더샵을 샀다. 시간이 갈수록 아파트값은 올랐다. 삼성 아파트와 중흥 아파트를 산 A와 B도 이익을 보았다. 하지만 A, B는 C, D가 매수한 상급지 아파트와 벌어진 매매가를 보면 상대적인 박탈감을 느낄 수밖에 없다. **전세라는 레버리지를 이용하면 당신이 가진 투자금 대비 더 많은 돈을 벌 수 있는 것이다.**

'전세 레버리지 투자는 부동산 투자자만 하는 것 아냐?'라고 생각하지 말자. 상급지 부동산은 더 빨리, 더 많이 오른다고 했다. 살고 싶은 집이 있는데 지금 들어가기에는 자금이 없고, 나중에는 너무 많이 올라서 잡기 어려울 것 같다면 월세에 살아라. 목돈을 뭉쳐서 상급지에 실거주 주택을 사 놓아라. 모자란 돈은 당신의 집에 무이자로 살고 싶어 하는 임차인이 지원해 줄 것이다. 열심히 돈을 모으며 살다가 때가 되었을 때 임차인을 내보내고 들어가면 된다.

은행에서 대출받으면 매달 이자가 꼬박꼬박 나간다. 전세 보증금은 DSR에도 잡히지 않는 무이자 우량 대출이다. 5,000만 원으로

5,000만 원짜리 아파트를 살 수도 있지만, 3억 원짜리 아파트를 살 수도 있다. 그것도 이자 한 푼 더 내지 않고.

매매가 3억 원 = 자기 자본 5,000만 원 + 임차인 전세금 2억 5,000만 원

물론 생각지 못한 문제가 생길 수 있다. 당신은 보증금 2억 5,000만 원에 임차인을 구할 수 있으리라 생각하고 투자했다. 이런 상황에서 전세가 구해지지 않으면 어떻게 될까? 모자란 돈이 무려 2억 5,000만 원이다. 전세 레버리지로 자신의 능력 이상의 주택을 매수했다. 임차인을 구할 수 없다면 5,000만 원을 제외한 나머지 금액은 능력 밖의 돈이다.

당신에게 집을 판 매도인은 이미 이사 날짜를 잡았다. 날짜 변경은 절대 불가하다고 한다. 투자해 본 사람은 알 것이다. 잔금일은 다가오고 전세는 안 빠지는데, 가격을 내릴 수도 대출을 받을 수도 없는 상황. 밤에 잠이 오지 않는다. 이런 사태를 막기 위해 반드시 매수 전에 임차인을 구할 수 있을지 전세 동향을 확인해 보아야 한다.

전세는 물량에 반응한다

사람들은 집값이 오를 것 같으면 두 개, 세 개도 사 놓는다. 떨어질 것 같으면 당장 가진 집을 모두 내놓기도 한다. 덕분에 매매 시장은 거품과 저평가를 오간다. 전세 시장은 이와 다르다. 전세 시장에는 투자자가 없기 때문이다. 오를 것 같다고 전세를 두 개, 세 개씩 미리 계약하는 사람은 없다. 떨어질 것 같다고 전세 계약을 미루는 사람도 없다. 전세 시장에는 순수하게 실거주 목적으로 집을 알아보는 사람만 있다. 수요가 일정한 편이다.

전세는 수요가 일정한 편이기 때문에 공급의 영향을 크게 받는다. 전세 공급이 전세를 구하는 수요보다 적을 때는 거래가 잘된다. 반대로 공급이 수요보다 많을 때는 거래가 잘 안된다. **결국 신규 공급 물량이 전세 시장에서 위력을 발휘한다. 공급 물량 체크는 필수다.**

해당 지역에 주택 수요보다 많은 공급 물량이 나온다면 적신호다.

〈아실〉 메뉴 중 '공급물량' 클릭 → 지역 선택 → 기간 조정

▷ 공급물량 화면

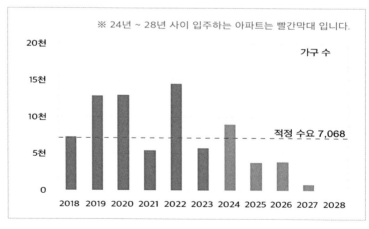

자료: 〈아실〉

앞의 그래프는 광주광역시의 공급 물량이다. 적정 수요는 앱에서 통계청 자료에 근거하여 평균적으로 필요한 수요를 추측해 놓은 것이다. 맹신하지는 말고 참고 자료의 하나로 활용하자. 일단 2022년이 평년에 비해 전세 임차인을 구하기 힘든 시기였다는 점은 손쉽게 유추할 수 있다.

하지만 신규 공급량만이 전세 시장을 좌우하는 것은 아니다. 전체적으로 보면 2022년은 특이한 해다. 공급 물량이 많지 않은 지역도 전세 매물이 쌓여 거래가 안 됐다. 왜 그랬을까? 전세 대출과 금리 인상 때문이다. 전세 대출의 역사는 짧다. 2010년대부터 본격적으로 시작되었다. 전세가의 최대 80퍼센트까지 대출이 가능했다. 10년 동안 저금리 상황이 이어졌다. 누구나 대출을 써서 전세 계약을 했다.

2022년 갑작스러운 금리 인상은 임차인의 거주 비용을 증가시켰다. 2퍼센트대로 전세 대출을 받다가 갑자기 6~7퍼센트의 이자를 내야 했다. 전세 시장으로 들어갈 수 있는 유동성(돈의 흐름과 양)이 줄어들었다. 임대 시장에는 월세라는 대체재가 있다. 임차인은 월세와 전세 대출 이자를 비교하기 시작했다. 월세는 전세가 오를 동안에도 오르지 않았다. 금리 변동에 따라 더 많이 내야 하는 대출 이자와는 달리 최소 2년 동안 임대료 변동이 없다.

자본주의 시장에서는 이처럼 예상하지 못한 일이 종종 일어난다. 따라서 이것만은 기억하라. **전세 물량이 없으니 전세가는 무조건 오**

른다는 생각을 버려라. 언제나 뜻밖의 상황이 발생할 수 있다. 너무 무리한 투자는 안 된다. 더 좋은 자산을 취득하기 위해 전세금을 최대치로 활용해야 한다면 생각을 고쳐먹어라. 투자해서는 안 되는 상황이다. 유연하게 대처하지 못한다. 오래 가져갈 수 없다. 싸게 던져야 한다. '투자는 예측보다 대응'이라고 하는 투자 격언을 되새기자.

시장에 경쟁자는 얼마나 있을까?

〈아실〉 앱으로 시장에 매물이 쌓이는지 줄어드는지 확인할 수 있다. 매물이 쌓이고 있다면 당신의 경쟁자가 많아진다는 의미다. 반대로 매물이 줄어들고 있다면 상대적으로 전세 맞추기가 수월하다고 해석할 수 있다.

〈아실〉 메뉴 중 '매물증감' 클릭

→ 아래 화면에서 '일별 매물현황' 아무 지역이나 클릭

→ 지역 재선택

→ '전세' 매물만 체크하고 '매매' '월세' 해제

→ 기간 조정

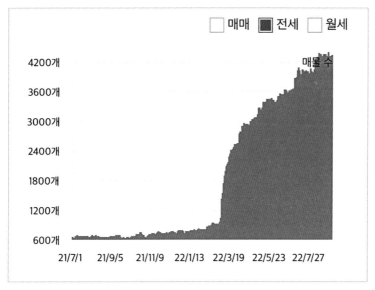

▷ 매물증감 화면

자료: 〈아실〉

광주광역시의 전세 매물 수 현황이다. 2022년 2월까지 1,000개 미만을 유지하던 매물이 급격하게 늘어난다. 하반기에는 무려 4,300개에 이른다. 금리 인상의 영향이 작용했다. 하지만 매물 수가 급격하게 상승했던 2~3월은 아직 본격적으로 금리 인상이 이루어지기 전이다. **과잉 공급 물량이 전세 물량 증가에 영향을 주었다고 유추해 볼 수 있다.** 이런 상황에서는 원하는 가격에 전세를 맞출 수 있다고 확신하기 어렵다.

주변 신축 입주는 중요 확인 사항

해당 지역에 비교적 물량이 많지 않더라도 전세를 맞추려고 하는 단지 주변에 신축 아파트 입주가 예정되어 있다면 주의해야 한다. 신축이 들어오면 직접 거주하려는 사람도 있지만, 개인 사정으로 전세를 내놓는 사람도 많다. 대부분은 투자를 노리고 들어온 가수요다. 보통 입주지정기간(시공사에서 지정한 입주 가능 기간으로, 2개월 정도) 6~8개월 전부터 매물이 나온다. 모두 소화되는 데 꽤 오랜 시간이 걸린다. 다음은 입주가 시작된 지 한 달이 넘은 신축 단지다. 1,350세대 단지에 계약되지 않은 전세 매물만 300개 가까이 된다.

▷ 전세 물량 현황

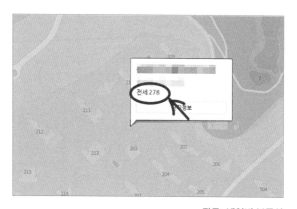

자료: 네이버 부동산

사람들은 헌 집보다 새집을 좋아한다. 새집이 남아돈다면 주변 구축들은 거래되지 않는다. 건설사는 입주지정기간이 종료된 후에도 잔금을 납부하지 못하는 집주인들에게 계약을 취소할 수 있다며 압박한다. 자기 자본으로 잔금 납부가 어려운 투자자는 경쟁적으로 전셋값을 낮춘다. 신축 전세 호가와 구축 전세 호가가 비슷해지는 상황에 이르는 것이다. 구축에 살던 임차인들조차 신축 전세로 옮겨 가고 싶은 욕망이 생긴다. 구축은 비상이다.

〈아실〉의 아파트 공급 물량 메뉴에서 주변 신축 입주도 확인할 수 있다.

▷ 입주 대기 중인 아파트 현황

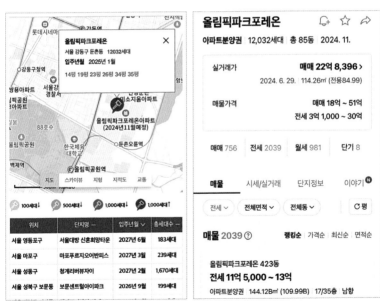

자료: 〈아실〉, 네이버 부동산

서울시 강동구에는 2024년 하반기 둔촌 주공 아파트가 재건축된 올림픽파크포레온 1만 2,000세대의 입주가 예정되어 있다. 입주 4개월 전인데 전세 매물이 2,000개가 넘게 나와 있다. 서울시 전체적으로 전셋값이 오르고 있음에도 강동구의 전세 시세는 흔들리고 있다.

▷ 서울시와 강동구 전세 가격 흐름

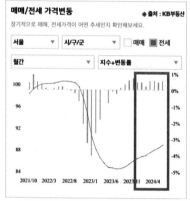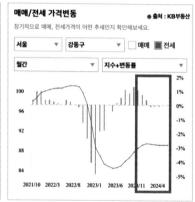

자료: 〈아실〉

한편 당신이 강동구 구축에 거주하는 임차인이라고 가정해 보자. 당신은 올림픽파크포레온 청약이 당첨되어 입주해야 한다. 만약 전세로 살고 있다면 입주지정기한 내에 무사히 입주할 수 있을까?

신축 입주에 맞춰 주변 전세가는 떨어질 가능성이 높다. 다행히 임대인이 역전세(전세가가 떨어져서 임대인이 역으로 돈을 돌려줘야 하는 상황)에 대비하여 현금을 준비해 두었다면 손쉽게 전세 보증금을 빼줄 수 있다. 예를 들어 기존 전세 보증금이 8억 원인데 7억 원까지 전세가가 떨어졌다면, 7억 원에 새로운 임차인과 계약하고 1억 원은 임대인이 현금을 융통하여 당신에게 돌려주는 것이다.

그런데 대부분의 임대인은 현금 여력이 별로 없다. 당신은 전세 보증금을 받아서 신축 잔금을 치러야 하는데, 8억 원에 전세가 빠지지 않으면 어떻게 할 것인가? 법으로 해결하면 된다고 생각하는가? 경매까지 간다고 해도 최소 1년이다. 입주 잔금 독촉을 받는 것은 당신이다. 심하면 계약 해지까지 당할 수 있다. 마음고생을 해야 한다.

주변 신축 입주가 예정되어 있고, 그 시기에 이사해야 한다면 대비책이 필요하다. **첫째, 미리 주택도시보증공사HUG에서 전세보증금반환보험에 가입해 놓는 것이다.** 보증보험을 들어 놓으면 임대인의 상황과 관계없이 보증 기관에서 전세 보증금을 받아서 나갈 수 있다. 그러나 임차권등기명령(계약 종료 후 보증금을 돌려받지 못한 임차인에게 단독으로 임차권 등기를 마칠 수 있게 하는 것) 신청을 해야 하는데, 절차가 까다롭다. **둘째, 입주장이 2년 앞으로 다가오면 반전세 혹은 월세로 전환하는 것이다.** 반전세나 월세는 전세보다 보증금이 적다. 임대인 입장에서도 월세만 조금 포기하면 임차인을 새로 맞추기가 쉽다. 마음 편한 것이 제일이다. 두 번째 방법을 더 추천한다.

소장님에게 미리 선을 그어 놓아야 하는 이유

당신이 몇 가지 부동산 데이터를 제대로 분석했다면 전세를 맞출 확률은 높아진다. 하지만 데이터 분석은 치명적인 단점이 있다. **데이터는 늘 후행한다는 것이다.** 조금 과장을 보태어 어제까지 잘 나가던 전세가 오늘부터 안 나갈 수도 있는 일 아닌가? 이때 일선에서 일하는 소장님을 활용하라. 진짜 현장의 분위기를 파악할 수 있다.

여러 소장님에게 전세 상황을 알아보는 것은 기본이다. 한 군데에서만 분위기를 확인하면 객관성이 떨어진다. 소장님들도 서로 소통하지만, 똑같은 현상을 보고도 각자 분석하는 분위기가 다를 수 있다. 일단 거래를 성사시키려고 긍정적으로 이야기할 수 있다. 보수적인 소장님은 지나치게 부정적일 때도 있다. **따라서 현재 전세가 원활하게 나가고 있는지, 얼마 정도에 계약되고 있는지 최소 서너 곳 이상의 부동산에 확인해 보는 것이 좋다.**

모든 지표를 확인하고 투자를 결정했다면 이제 한 가지 문제만 남는다. 앞에서 매물을 내놓을 때 가능하면 여러 부동산에 내놓는 것이 계약 확률을 높이는 방법이라고 했다. 하지만 투자용으로 매수한다면 상황적으로 여러 부동산에 내놓기가 어렵다.

매매 중개를 한 소장님은 가능하면 전세도 함께 빼고 싶어 한다. 왜 아니겠는가? 매매 계약할 때 매도인에게 한 번 매수인에게 한 번, 전세 거래할 때 임대인(매수인)에게 한 번 임차인에게 한 번 최대 네 건의 수수료를 받을 수 있는데.

매수인도 가능하면 같은 소장님과 전세 계약까지 한 번에 처리하는 것이 좋다. 가장 큰 이유는 돈 때문이다. 중개 수수료를 아낄 수 있으니까. 소장님 한 명이 모든 상황을 조절하니 소통 문제로 특별히 신경 쓸 것이 없다. 소장님과의 의리 문제도 있다. 특히 소장님이 매수 과정에서 좋은 매물을 소개해 주었거나 적극적으로 도움을 주었다면 다른 부동산에 전세 의뢰를 한다고 말을 꺼내기가 어렵다.

부린이는 소장님만 믿고 전세 계약을 기다린다. 잔금일까지 3개월 정도의 기간을 두고 전세를 구하기 시작한다. 처음에는 전세가 빠지지 않아도 걱정하지 않는다. 아직 기간이 많이 남았으니까. 소장님도 금방 구해질 것이라고 이야기한다. 잔금일이 2개월 안쪽으로 다가오면 마음이 조금 급해진다. 다른 부동산에도 내놓고 싶다. 그런데 소장님에게 말하기가 어렵다. 눈치가 보인다. 잔금일이 1개월 안쪽으로 다가온다. 피가 마른다. 소장님도 왠지 걱정스러운 듯 요즘 손님이 너무 뜸하다고 이야기한다.

임차인이 전세를 구하는 시기는 일반적으로 이사 날짜로부터 1~2개월 전이다. 매매와는 달리 3~4개월 전부터 집을 보는 임차인은 많지 않다. 1개월도 안 남았을 때 급하게 집을 구하는 임차인은 더더욱 없다. 따라서 잔금일로부터 1~2개월 전이 전세 구하기 골든타임이라고 할 수 있다.

많은 부동산 초보가 약간의 수수료를 아끼려다가, 조금의 편의를 얻으려다가, 의리를 지키려다가 골든타임을 놓친다. 전세가 나가지 않는다고 소장님이 대신 책임져 주지는 않는다. 모든 고통과 책임은 내가 떠안아야 한다. 작은 돈(수수료)을 절약하려다가 큰돈(보증금, 매매금액)을 잃을 수 있는 것이다.

앞서 말했듯이 소장님은 단독 중개를 선호한다. 그렇다면 모든 소장님에게 단독 중개의 기회를 주어야 한다. 내 전세가 먼저 계약될 가능성을 높여야 한다. 매물은 최대한 많은 곳에 내놓는 것이 좋다.

처음부터 소장님에게 마지노선을 그어 놓아라. 도저히 말하기가 어렵다면 배우자와 같은, 다른 결재권자의 핑계를 대는 방법도 있다.

> 소장님, 아내가 투자를 반대하는데 제가 억지로 하는 거예요. 아내가 전세 안 나가면 잠을 못 잘 것 같대요. 당연히 저는 소장님께 맡기고 싶은데… 전세 못 맞추면 저 쫓겨나요. 죄송하지만 잔금 2개월 전까지 계약이 안 되면 다른 부동산에도 내놓아야 할 것 같아요. 양해 부탁드립니다.

마지노선을 그어 놓으면 두 가지 이점이 있다. 첫째, 잔금일 1~2개월 전 골든타임을 최대한 활용할 수 있다. 둘째, 소장님이 마지노선이 있는 나의 매물을 먼저 빼려고 노력한다. 기억하라. 당신의 재산을 최우선적으로 생각하는 사람은 오직 당신뿐이다.

소장님 론에 대하여

전세 사고(기한 내에 전세가 맞춰지지 않는 경우)가 날 것 같을 때 자기 돈을 빌려주는 소장님도 있다. 투자자들은 우스갯소리로 '소장님 론 loan'이라고 한다. 소장님 론을 쓰면 소장님이 매수인에게 현금을 빌려주며 일단 잔금을 처리하게 한다. 그 후 전세가 맞춰지면 돈을 회수하는 것이다.

소장님이 돈을 빌려주는 이유는 이득이 있기 때문이다. 계약할 수 있는 사람이 계약하지 않으면 소장님 입장에서 막심한 손해다. 투자자에게 전세를 맞출 수 있으니 매수하라고 강하게 이야기하고 싶지 않겠는가? 다른 한편으로는 불편한 마음이 든다. 최종 책임은 매수인에게 있지만, 사고가 나면 소장님도 도의적인 책임을 피할 수 없기에. 중간에서 매수인과 매도인에게 시달릴 생각을 하니 밀어붙이기 어렵다.

하지만 주변 물량이 많지 않은 지역에 적정 수준의 호가로 전세를 내놓았다면? 시기의 문제일 뿐 전세는 나가게 되어 있다. 소장님도 어느 정도 계산이 서는 상황이다. 그럴 때 현금을 쥐고 있다면 매수인에게 조금 더 적극적으로 매매를 권할 수 있다. 전세가 안 맞춰지면 돈을 빌려주겠다고 할 수 있다. 현금을 동원할 수 있는 소장님은 영업에서 훨씬 강력한 힘을 갖는다.

소장님이 빌려줄 수 있는 돈과 매수인이 구할 수 있는 돈으로 잔금 해결이 가능하다면, 최소한 전세 사고는 막을 수 있다. 심리적으로 안정을 얻을 수 있다. **따라서 전세를 맞추지 못할 경우 소장님이 개인적**

으로 융통해 줄 수 있는 자금이 있는지 미리 확인해 보라.

잔금을 치르고 공실을 만들면 임차인 구하기가 유리해진다. 수리 기간도 확보할 수 있고, 임차인의 이사 날짜도 유연하게 정할 수 있기 때문이다.

임차인에게 줄 수 있는 당근

전세가 잘 빠지지 않는다면 임차인에게 유인을 제공해야 한다. **제 공할 수 있는 유인 중 효과적인 것은 첫째, 가격을 내리는 것이다.** 임 차인이 당신의 매물을 외면하는 데는 다른 이유가 없다. 시세 대비 비 싸기 때문이다. 전세 보증금을 충분히 내리는 것이 가장 좋다. 따라서 임차인이 원하는 대로 가격을 내릴 수 있는 임대인은 전세 빼는 고민 을 할 필요가 없다. 문제는 우리에게 충분한 돈이 없다는 것이다. 다 음의 방법을 고민해 보자.

둘째, 임차인의 요구를 선제적으로 반영하는 것이다. 전세는 자가 가 아니다. 임차인 입장에서 필요하지만 내 집이 아니라 할 수 없었던 일을 제공해 주겠다고 먼저 제안해 보자. 중문, 줄눈, 입주 청소는 많 은 임차인이 요구하는 항목이다. 중문은 생활 편의성을 높이고, 화장 실 줄눈과 입주 청소는 임차인의 수고를 덜어 준다. 중문은 저렴하게 맞추면 50만~60만 원, 줄눈은 30만~40만 원, 입주 청소는 평당 1만 원으로 비용을 생각하면 된다.

요즘은 시스템 에어컨 설치 여부도 중요하다. 특히 한번 시스템 에어컨이 있는 집에 살았던 임차인은 다시 시스템 에어컨이 있는 집으로 가고 싶어 한다. 공간 활용성과 편의성이 압도적이고, 새로 에어컨을 사는 것이 부담스럽기 때문이다. 가격은 두 대일 경우 300만~400만 원, 서너 대일 경우 500만~600만 원을 상회한다.

시스템 에어컨은 필요경비 처리가 가능하다. 양도세 절세 혜택으로 비용을 어느 정도 회수할 수 있다(에어컨 비용이 500만 원이고 양도세율이 30퍼센트라면, 추후 150만 원을 돌려받는다). 보양 작업(공사할 때 기존 시설물에 영향이 가지 않도록 보호하는 작업)을 잘하면 먼지도 많이 발생하지 않는다. 살면서도 충분히 시공이 가능하다.

셋째, 임차인에게 이사비를 제공하는 것이다. 말이 좋아 이사비지, 임차인에게 현금 유인책을 쓰는 것이다. 현금 제공은 시스템 에어컨과 달리 필요경비로 돌려받지 못한다. 그러나 직접적이다. 이사 비용이 아까운 임차인은 혹할 가능성이 있다. 비슷한 가격과 비슷한 컨디션의 전세 매물이 여럿 나와 있는데, 이사비 100만~200만 원을 지원해 주는 집이 있다. 임차인은 어떤 매물을 선택할까?

현금 제공은 역전세가 발생할 때도 활용할 수 있다. 임차인에게 역전세 금액을 돌려줄 돈이 없을 때 합의금을 주어서 전세 계약을 연장하는 방법이다. 역전세가 발생했다면 지역 부동산 시장에서 임차인을 쉽게 구할 수도 없는 상황이다. 급한 불을 끌 수 있는 것뿐만 아니라 새 임차인을 구하는 스트레스도 줄일 수 있다.

둘째, 셋째 방법으로 쓴 돈은 다시 돌려받지 못한다. 사라지는 비용이다. 하지만 전세가를 내릴 수 없을 때 비교적 작은 돈으로 버틸 수 있게 해 준다. **돈이 아까울 수도 있지만, 살아남지 못한다면 돈은 의미가 없다.**

전세 맞추기 자신 없을 때

투자가 처음이라 전세 맞출 자신이 없다면 애초에 다른 방법을 선택할 수도 있다.

첫째, 이미 임차인이 맞춰져 있는 전세 낀 매물을 사는 것이다. 이미 임차인이 맞춰져 있다면 새롭게 임차인을 구해야 하는 리스크를 없앨 수 있다. 임차인이 껴 있으니 매매가가 저렴할 가능성도 높다. 반면에 기존 전세금이 시세 대비 낮다면 투자금이 많이 들어간다는 단점이 있다. 잘 따져 보아야 한다. 자금 여유가 있다면 안전하게 전세 낀 매물을 사서 나중에 전세금을 올려 받거나 매도하는 것도 하나의 방법이다.

둘째, 주인 거주 매물을 매수하는 것이다. 어떤 매도인은 일시적 1가구 2주택 비과세 혜택을 받으려고, 또는 하락장에서 집값이 더 내려갈까 봐 공포에 질려서 살던 집을 매도한다. 전세로 살고 싶어 한다. 그런 집을 매수하면서 매도인과 전세 계약을 맺으면 된다. 소장님은 매매 수수료 한 건만 받는다. 전세 수수료를 아낄 수 있다.

매수자 우위 시장이라면 매도인도 어떻게든 팔려는 마음이 강하다.

웬만하면 매수인의 요구를 맞춰 주려고 한다. 매매가는 시세보다 낮추고, 전세가는 시세보다 높일 수 있다. 매수인 입장에서는 최대한 적은 돈으로 저렴하게 투자할 수 있는 셈이다.

부동산 가격 협상의 기술

부동산을 매수할 때 가격을 깎지 않고 싶은 사람이 있을까? 많은 사람이 마음에 드는 매물을 결정하고 한 번씩 찔러보는 것을 가격 조정이라 생각한다. 하지만 가격 조정도 계획을 세운 다음 충분한 기간을 두고 접근해야 확률을 높일 수 있다. 가격 조정의 기술을 알아보도록 하자.

가격 조정은 안전 마진을 위한 것

매도인과 임대인은 가격을 정해서 집을 내놓는다. 가끔 서로 다른 소장님이 데려온 매수인끼리 경쟁이 붙어 매도인이 가격을 올리는 일도 있지만, 가격 조정은 대부분 매수인과 임차인이 시도한다. 매수인 입장에서는 밑져야 본전이다. 성공하면 조금이라도 싸게 살 수 있으니 깎지 않을 이유가 없다. **깎으면 깎을수록 안전 마진이 생긴다.**

안전 마진이 생기면 마음이 편하다. 시세보다 싸게 샀으니 가격이 떨어져도 여전히 수익 구간일 확률이 높다. 매도할 때는 또 어떨까? 경쟁 매물보다 더 저렴한 가격에 내놓을 수 있다. 내가 팔고자 하는 시점에 매도가 쉬워지는 것이다. 보유하는 내내 마음이 편하다.

그럼에도 부동산 거래 자체가 주연이라면, 가격 조정은 조연이라 볼 수 있다. 가격 조정이 거래의 본질은 아니라는 것이다. 안전 마진은 가격 조정으로 생기기도 하지만, 애초에 싸게 나온 매물을 사도 확보할 수 있다. **좋은 매물을 저렴하게 사는 것이 목적이어야 한다. 가격 조정 자체가 목적이 되어서는 안 된다.**

가끔 개인 사정 때문에 시장에 나오는 매물이 있다. 사정이 있는 매물은 나올 때부터 가격이 싸다. 충분히 경쟁력이 있다고 생각한다면 가격 조정에 너무 집착하지 말아야 한다.

가격 조정을 하지 말라는 이야기가 아니다. **매도인도 더는 양보할 수 없는 하한선이 있다.** 그런 집이 나오면 소장님도 이 물건은 가격 조정을 하지 말라고 당부한다. 그럴 때는 그냥 그 가격을 받아들이는 것도 좋다. 협상을 당신과 매도인의 줄다리기라고만 생각해서는 안 된다. 지금 당장 협상하는 사람은 당신밖에 없지만, 시장에는 잠재 매수인이 많다. 어떤 매수인은 돈 몇백만 원 안 깎아 준다고 고민하다가 계약을 놓치기도 한다. 이렇게 놓친 물건이 1억~2억 원 올라 버린다면 어떤 마음이 들까?

〈나는 솔로〉를 기억하라

가격 조정은 언제 해야 할까? 매물은 마음에 드는데 금액이 나의 투자 기준을 벗어나거나 안전 마진이 조금 더 필요해 보일 때 시도하는 것이 좋다. 그럴 때는 어떻게든 깎아야 한다. 수단과 방법을 가리지 않고 최선을 다해서 깎아야 한다. 질척거려야 한다(질척거리는 방법은 뒤에서 서술하겠다).

하지만 질척거려도 가격 조정이 안 된다면 쿨하게 물러나자. '당신의 집념에 내가 졌소' 하며 그 가격에 매수하지 말자. 집착은 판단력을 흐리게 한다. 나를 쳐다보지 않는 짝사랑 상대는 쿨하게 보내 줄 수 있어야 한다. 매매 호가는 애매하지만, 더 좋은 매물 찾기가 어려울 것 같은가? **적당히 투자하겠다는 생각은 반드시 후회를 부른다.**

문제는 애초에 성격이 쿨한 사람은 없다는 것이다. 힘들게 지역과 단지를 분석했다. 임장까지 끝냈다. 마음에 드는 매물이 나타났다. 당연히 계약하고 싶지 않을까? 특히 단 하나의 지역, 단 하나의 단지, 단 하나의 매물밖에 없다면 더더욱 그렇다. 한 사람만 바라보는 남자는 그녀를 포기하면 앞으로 다른 기약이 없듯이.

인간은 환경의 동물이다. 쿨해지려면 쿨하게 포기할 수 있는 환경을 만들어야 한다. 반드시 타 지역·타 단지의 여러 가지 매물을 동시

다발적으로 공부하고, 임장하고, 위시 리스트에 올려 두어야 한다. **이를 바탕으로 플랜 A인 현재 매물이 가격 조정에 실패할 경우 찔러볼 수 있는 플랜 B를 만들어야 한다.** 아니 이왕 만드는 거 플랜 C도 만들고 플랜 D, E, F, G, H, I도 만드는 것이 좋다. 세상에 여자가 옥순 하나밖에 없는가? 순자도 있고 영숙, 현숙, 영자, 정숙도 있다. 옥순 한 명에게만 직진했다면 선택의 여지가 없다. 죽이 되든 밥이 되든 올인해야 한다. 그러나 다른 여자와도 대화해 두었다면 쿨하게 행동할 수 있다.

상대를 쿨하게 보내 주면 뜻하지 않은 두 가지 선물을 받을 수 있다. **첫째, 나의 부동산 매수 기준을 확립할 수 있다.** 당신의 부동산 거래는 이번 한 번으로 끝나지 않는다. 평생 이어진다. 하지만 기준이 없거나 기준을 정해 놓고 하나둘 어기기 시작한다면 문제가 생긴다.

안전 마진 때문에 가격 조정을 시도했는데 실패했다고 생각해 보라. 포기할 수 없어서 비싼 가격에 집을 매수하면 기준은 무너진다. 기준이 무너지면 지금 당장은 운 좋게 넘어가더라도 언젠가 한 번은 큰 암초를 만날 수밖에 없다. 쿨하게 포기하면? 비록 매수하지는 못했지만 매수 기준만큼은 지켜 낸 셈이다. 장기적으로 보았을 때 오히려 득이다.

둘째, 짝사랑 상대의 마음을 흔들리게 할 수 있다. 무슨 소리냐고? 누군가가 나에게 아낌없는 사랑을 주다가 갑자기 사라졌다고 생각해 보자. 사람 심리가 그렇다. 상대가 귀찮다가도 막상 사라지면 아쉽다.

매수인이 사고 싶다고 하다가 갑자기 포기하면 다른 마음이 든다.

인간의 뇌는 생존력을 높이기 위해 부정적으로 사고하는 경향이 있다. 매도인은 거절하면서도 한편으로는 불안하다. 깎아 달라고 조르는 이 매수인을 놓치면 언제 또 다른 사람이 나타나리라 확신할 수 없으니까. '새로운 매수인이 나타나도 과연 더 높은 가격에 사겠다고 할까?' 고민이 된다. 내려놓고 기다려라. 의외로 좋은 소식이 올 수 있다. 시간을 두고 다시 물어보는 방법도 괜찮다. 한번 부정적인 고민에 빠졌던 매도인의 뇌는 다시 돌아온 매수인이 반가울 것이다. 물론 늘 그런 것은 아니다. 그럴 때는 정말로 깔끔하게 차일 필요도 있다. 울지는 말자. 순자, 영숙, 현숙, 영자, 정숙이 당신을 기다리고 있으니까.

지금까지 가격 조정을 위해 어떤 마음가짐을 가져야 하는지 이야기했다. 이제부터는 본격적으로 가격을 깎아 보자. 가격 조정에서 가장 중요한 것은 상황에 대한 이해다. 상황을 매도인이 아닌, 당신에게 유리하게 만들어야 한다. 어떻게 해야 협상을 하기에 유리한 환경을 만들 수 있을까? 다음 세 가지 상황을 고려해야 한다. 시장 상황, 매도인의 상황, 소장님의 상황이 그것이다.

어떤 시장에서 매수하는지가 키포인트

가격 조정은 어떤 시장에서 매수하는지에 따라 결정된다고 해도 과언이 아니다. 매도자 우위 시장에 주택을 사러 갔다고 가정해 보자.

매도자 우위 시장에서는 매도인이 갑이다. 시장에 물건은 없고 사려는 사람만 가득하다.

2020년 상반기 청주 부동산 시장이 그랬다. 필자가 투자를 하러 갔더니 시장이 심상찮았다. 이미 진입한 투자자들이 매물을 쓸어 갔다. 눈치 빠른 매도인들은 매물을 거둬들였다. 너무 비싼 몇 개 매물만 남아 있는 상황이었다. 포기하고 돌아가려는 찰나, 마침 적정한 가격의 매물이 나왔다고 연락이 왔다. 심장이 요동쳤다. 최대한 침착하게 소장님에게 가격 조정을 요청했다. 소장님은 어떤 반응을 보였을까? 최선을 다해 보겠습니다?

망둥이

> 소장님, 이 물건 너무 하고 싶은데 돈이 부족해서요. 혹시 가격 좀 조정해 달라고 말씀해 주실 수 있을…….

> 죄송해요. 그럼 매물 들어가요. 그냥 다른 손님께 말씀드릴게요.

소장님

말을 채 끝내기도 전에 펄쩍 뛰던 소장님의 모습이 아직까지 눈에 선하다. 어떻게 나온 매물인데 감히 매도인님(?)께 가격 조정을 요청할 수 있겠는가? 매도인의 심기를 건드려 물건이 들어가기라도 하면 소장님은 큰 손실이다. 소장님은 계약을 성사시키고 중개 수수료를 받아야 한다. 어차피 웃돈 주고도 살 매수인이 널렸다. 굳이 매수인의 요구를 들어주지 않아도 되는 것이다.

기본적으로 매도자 우위 시장에서 매수하는 것은 추천하지 않는다. 매수인 간의 경쟁이 치열하여 이미 거품이 끼어 있을 가능성이 높다. 매도인도 깎아 줄 마음이 없다. **당신이 매도인이라면 굳이 뜨거운 시장에서 깎아 주겠는가?**

하지만 매수자 우위 시장에 갔다면 전혀 반대의 상황과 맞닥뜨린다. 청주는 2020년 6월 17일 조정지역으로 지정되며 급속도로 시장이 차가워졌다. 필자는 다시 한번 청주에 투자를 하러 갔다. 이번에는 지인과 함께였다.

망둥이

소장님, 안녕하세요? 좋은 매물 있나 보러 왔어요.

소장님

좋은 물건 너무 많지. 지난번 봤던 것들보다 가격이 착해요. 이 물건은 어때요? 로열층이고 주인이 급해서 2개월 만에 가격을 3,000만 원 낮췄거든요. 매매가 3억 6,000만 원에, 주인이 전세로 3억 원까지 살아 준다는데 괜찮지?

망둥이

아, 정말 가격이 착해졌네요. 소장님, 그런데 제가 투자금이 별로 없어요. 3억 3,000만 원에 전세 3억 1,000만 원까지 협의해 주시면 바로 할 수 있을 것 같은데…….

매도인이 급하니까 전화나 한번 해 볼게요.
소장님

(두 시간 동안 전화 통화하며 매도인과 협의)

소장님 사장님, 일단 내려와 보세요. 이번에 안 팔면 집 언제 나 갈지 몰라요. 비과세 받으셔야죠.

(속닥거리며) 저 소장님 형한테 왜 이렇게 잘해 주는 거예 요? 원래 잘 아는 사람이에요?
지인

한 번 봤던 사람이라고 소장님이 편들어 줬다고 생각하면 오산이다. 조정지역으로 지정되면 당장 세금과 대출에 문제가 생기기 때문에 뜨거웠던 매수인의 매수 심리가 급속도로 꺾인다. 반대로 매도인은 애가 탄다. 비과세 문제가 걸린 매도인, 단기 상승장에서 비싼 가격에 주택 매수를 한 투자자가 불안한 마음에 매도 경쟁을 펼치기 시작한다. 단지 상황이 그랬을 뿐이다.

소장님은 필자와 마치 둘도 없는 가까운 사이라도 되는 듯 매도인에게 두 시간 동안 읍소도 하고 흥분도 하며 가격 조정을 시도했다. 매도인도 마음이 기울었다. 그런데 매도인의 남편이 끝까지 반대했다. 그 가격에 팔 바에는 비과세를 안 받겠다고 해서 계약하지 못했다.

맞는 말이다. 여유가 있다면 2주택으로 가는 것도 나쁘지 않다. 지방 공시가 3억 원 이하 물건이라 비과세를 못 받는다고 해도 중과세를 피할 수 있었다. 매도인의 남편이 좋은 판단을 했다. 하지만 필자에게는 아쉬운 협상이었다. 이미 3억 원 후반대에 실거래되었던 매물이었다. 거래가 성사되었으면 단기간에 큰 이득을 보았을 것이다.

계약 성사 여부보다 더 관심을 가져야 할 것이 있다. 지인의 말대로 소장님은 왜 필자를 위해 최선을 다했을까? 구면이라서? 수수료를 많이 줄 것 같아서? 모두 틀렸다. 그저 필자가 차가운 시장에 갔기 때문이다. 소장님은 일시에 매수인이 사라져서 거래를 성사시킬 수가 없었다. 어디에서도 중개 수수료를 받을 길이 없었다. 그 와중에 딱 한 명의 매수인이 부동산을 방문한 것이다.

당시 청주는 순간 심리가 꺾인 상태였기 때문에 아직 매도인이 버티는 힘이 있었다. 하지만 정말 오랫동안 침체된 지역은 집마다 가위가 거꾸로 걸려 있다. 가위를 거꾸로 걸어 놓으면 집이 팔린다는 미신 때문이다. 자신이 이 집에 얼마만큼의 돈을 들였는지, 이 집이 왜 좋은지 상세하게 설명한다. 매도인은 그만큼 절박한 상황이다. 지칠 대로 지쳤다. 제발 우리 집을 사 달라는 간절함이 눈빛에서 느껴진다. 매수인에게는 좋은 신호다(반대로 당신은 가위를 걸지 말라. 집에 얼마를 들였는지 이야기하지 말라. 당신의 급한 사정을 노출하지 말라). 소장님은 한술 더 뜬다. 원하는 가격을 불러 보라고 한다. 소장님 집도 아닌데.

매도인이 가격 조정 요구를 가장 적극적으로 받아들이는 시점은 시장에 아무런 희망이 보이지 않을 때다. 1년 이상 집이 안 팔렸을 때다. 금리 인상이다, 자산 가격 폭락이다, 뉴스에서 절망적인 소식만 들려올 때다. 부동산에 손님 없냐는 매도인 전화만 걸려올 때다. 버텨 봐도 희망이 보이지 않을 때다. 매도인은 매수인이 부르는 대로 가격 조정을 해 줄 수밖에 없다.

매수인

소장님, 오늘 집 잘 보았습니다. 혹시 매수하게 되면 따로 연락드릴게요.

사장님, 단도직입적으로 말씀드릴게요. 얼마면 사실 거예요? 원하는 가격 말씀만 해 주세요. 제가 맞춰 드릴게요.

소장님

매수인

집은 너무 좋은데, 시장 상황이 너무 안 좋아서요. 조금 더 생각해 보겠습니다.

상승장에서는 500만 원 깎기도 힘들지만 하락장에서는 5,000만 원도 쉽게 깎을 수 있다. 매도인 간에 경쟁이 붙었다면 가격에 거품이 형성되었을 가능성도 낮다. 그럼에도 불구하고 실제로 매수하는 사람은 별로 없다. 매수인은 소장님이 원하는 가격까지 내릴 수 있다고 해도 마음이 불안하다. '더 내려갈 것 같은데…' 뭔가 반등의 기미가 보여야 확신을 갖고 투자할 수 있을 것 같다.

하지만 희망은 매수인 눈에만 보이는 것이 아니다. 매도인 눈에 더 빨리, 더 크게 보인다. **부동산 시장에서 매수인과 매도인 간 예민함의 정도는 차원이 다르다. 매수인은 안 사도 크게 손해가 없지만, 매도인은 피 같은 재산이 달려 있다. 시장 상황에 모든 촉각을 곤두세운다.**

희망이 보이기 시작하면 가격 조정은 조금씩 어려워진다. 부동산 시장은 소리 소문 없이 바닥을 찍고 반등한다. 뜨거워지기 시작한다. 시장에는 희망이 가득하다. 드디어 매수인이 원하던 시장이 되었다. 하지만 이때 매수를 결정하면 매도인은 여전히 가격을 깎아 줄 생각이 있을까? 이제부터는 본격적인 매도인의 시간이다. 매도인은 과거의 치욕을 보복이라도 하듯이 단 한 푼도 깎아 주지 않겠다고 거드름을 피울 것이다.

2020년의 변화무쌍했던 청주 부동산 시장을 경험한 것은 행운이었다. 덕분에 왜 차가운 시장에서 부동산을 매수해야 하는지 알게 되었다. 물론 차가운 시장은 재미가 없다. 사자마자 바로 얼마가 올랐다든가 하는 영웅담 같은 이야기를 할 수 없지 않은가. 그러나 **안전 마진 확보로 마음 편한 투자를 하고 싶다면 반드시 매수자 우위 시장으로 가야 한다.**

재미있는 사실은 필자가 언급한 청주 소장님이 앞서 매도자 우위 시장에서 언급했던 소장님과 동일인이라는 점이다. 시장이 폭발적으로 뜨기 직전인 2020년 5월 초에 투자하러 갔을 때 소장님이 했던 말이 지금도 생생하다.

"지금 바로 가계약금 넣을 수 있어요? 아니면 다음 손님한테 전화하게."

사정이 있는 매물을 공략하라

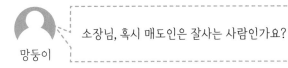

망둥이
소장님, 혹시 매도인은 잘사는 사람인가요?

잘사는 것 같아요. 다른 곳에 집도 있고요.

소장님

망둥이
그런데 왜 가격 조정을 안 해 주죠? 잘살고, 여유 있으면 가격 잘 깎아 줄 것 같은데요.

부동산은요, 여유 있는 사람이 깎아 주는 게 아니에요. 급하고 어려운 사람이 깎아 주는 겁니다.

소장님

필자가 부린이 시절 소장님과 나눴던 대화다. 혹시라도 필자와 비슷한 생각을 했다면 자본주의라는 시스템을 너무 얕본 것은 아닌지 돌아보자. 자본주의는 야생이다. 부자는 어떻게 그 자리에 갈 수 있었을까? 철저하게 자기 주머니 속의 돈을 지켰기 때문이다. 이것저것 다른 사람의 사정과 편의를 봐주고 살았다면 부자가 되지 못했을 것이다.

가격 조정을 할 때 통용되는 명제가 있다. 소장님 이야기처럼 급하고 어려운 사람이 진다는 것이다. **매도인이 급하면 매도인이 지고, 매수인이 급하면 매수인이 진다.** 매도인에게는 안타까운 상황이지만, 매수인은 또 한 번 가격을 깎을 수도 있다. 그만큼 급하다는 뜻이니까.

소장님: 사장님, 3,000만 원만 깎아 주면 매수인분이 계약하시겠대요.

매도인: 아… 아쉽지만 어쩔 수 없네요. 3,000만 원 깎아 드릴게요.

(다시 통화 연결 후)

소장님: 사장님, 말씀드리기가 참 죄송한데… 거기서 1,000만 원만 더 깎아 달라고 하시네요. 그럼 바로 계약금 넣으시겠다고…….

앞서 이야기했듯이 부동산 거래에서는 매수인이 매도인보다 유리하다. 매도인은 집을 팔지 않으면 손해 보는 상황이 많다. 하지만 매매가와 전세가가 동시에 폭등하는 일부 상황을 제외하고 매수인이 당장 집을 사지 않았다고 손해를 보는 상황은 별로 없다.

매수인이 손해를 보는 이유는 급한 상황이 아닌 급한 마음 때문이다. 이 경우 환경을 통제하는 방법에 대해 앞서 언급했다(옥순, 순자, 현숙을 기억하는가?) 지금부터는 매도인의 사정을 중심으로 가격 조정하는 방법을 기술하겠다.

매도인은 어떤 사정이 있을 때 마음이 급해질까? 1순위는 기한 내에 돈이 필요한 경우다. 갈아타기를 하려고 매수를 먼저 해 놓았다. 기존 주택을 팔아서 잔금을 내야 하는데, 집이 안 팔린다. 잔금일은 다가온다. 마음이 급해진다.

매도인이 임차인에게 전세 보증금을 반환해야 하는 상황도 이에 해당한다. 특히 매매나 전세 계약이 되지 않아 기존 임차인과의 계약 기간을 초과한 경우, 임차인이 먼저 이사 날짜를 잡아 버린 경우가 그렇다. 임차인은 자신의 보증금을 제때 받을 수 있을지 촉각을 곤두세운다. 내용 증명은 기본이요, 임차권등기명령까지 신청한다. 험하게 항의할 때도 있다. 마음 약한 매도인은 이런 상황에 심한 스트레스를 받는다. 가능하면 빨리 해결하고 싶어 한다. 데드라인이 존재하는 셈이다.

그 밖에 영끌을 했는데 금리가 올라서 이자를 못 내는 상황에 이르렀거나, 국세 추징 같은 세무 사정으로 돈이 필요할 때도 초조하다.

매도하지 못하면 집이 경매·공매로 넘어간다. 긴급 상황이다. **매수인 입장에서는 매도인이 급하면 급할수록 더 큰 폭으로 가격 조정이 가능하다.** 특히 매도인의 데드라인을 정확하게 알 수 있다면 더할 나위가 없다. 데드라인에 가까워질수록 협상력은 올라간다.

2순위는 양도세, 특히 비과세 문제가 있는 경우다. 많은 사람이 2주택 이상 다주택자가 되는 것을 두려워한다. 리스크가 크다고 생각한다. 통계청 자료에 따르면, 우리나라는 다주택자가 15퍼센트 정도에 불과하다. 투자자가 아닌 일반인이 주택을 매도하며 세금을 1억~2억 원 이상 내는 것은 상상하기조차 어려운 일이다. **1주택자, 일시적 2주택 보유자는 웬만하면 비과세 처분을 원한다.**

1주택자에게 양도세 문제가 있다면, 다주택자에게는 종부세(종합부동산세) 문제가 있다. 일부 다주택자는 매년 부담스러운 종부세를 납부해야 한다. **종부세가 부담스럽거나, 양도세 중과세 면제 등의 특별한 이벤트가 있으면 수익 실현을 하려는 매도 수요가 생긴다.**

매년 5월에 급매가 나오는 것은 종부세와 관련이 있다. 종부세와 재산세 기산일이 매년 6월 1일이다. 6월 1일에 주택을 소유하고 있는 사람이 종부세와 재산세를 모두 내야 한다. 종부세가 부담되는 다주택자 매물은 6월 전 소유권이전등기를 조건으로 가격 조정이 가능하다.

매도인에게 세금 문제가 있는 경우 매도했을 때 절세 가능한 금액을 알아보라. 매도하면서 1억 원 정도 절세가 가능하다면, 3,000만 원에서 5,000만 원 정도는 당신과 함께 나눌 수 있지 않을까? 당신이 매도인이라면 어떻게 하겠는가? 비과세를 포기하고 1억 원을 세금으로 내겠는가? 아니면 조금 더 깎아 주겠는가?

상황에 따라 다르긴 하지만 실수요 매물보다는 투자자 매물이 가격 조정에 용이하다. 우리나라 개인 자산의 대부분을 차지하는 것은 주식도, 코인도, 현금도 아닌 주택이다. 그 말은 실수요 매도인에게 주택은 전 재산이나 다름없다는 뜻이다.

누구나 재산 가치 하락에 민감하다. 특히 부동산처럼 안전 자산이라고 믿는 재산은 더욱 그렇다. 가격을 깎아 주는 것이 싫다. 게다가 실수요 매도인은 너무 많이 깎아 주면 다음 스텝이 엉킨다. 그들은 보통 주택을 매도하고 상급지 부동산으로 갈아탄다. 기존 주택을 싸게 처분하면 원하는 곳으로 이사 가지 못하는 일이 발생하는 것이다.

반면에 집이 여러 채 있는 투자자는 다르다. 조금 저렴하게 매도하더라도 조건이나 타이밍을 더 중요하게 생각한다. 이미 해당 주택으로 어느 정도 수익이 났다면 조금 덜 가져가도 만족한다. 다른 주택에서 더 수익을 얻으면 되니까. 괜히 욕심부리다가는 매도 타이밍을 놓치기 십상이다. 현금 흐름이 막힐 수도 있다. 타이밍 좋게 처분하고 다른 곳의 매물을 저렴하게 매수하면 오히려 이득이다. 협상의 여지가 있는 것이다.

매도인의 사정을 알아내는 방법

『손자병법』에서 '지피지기 백전불태知彼知己 百戰不殆'라고 했다. '적을 알고 나를 알면 백번 싸워도 위태로운 것이 없다'는 의미다. 매도인이 우리의 적은 아니지만, 가격 조정을 위해 매도인의 상황을 확인하는 것은 필수다. 정보는 곧 힘이다. 상대를 알면 협상에서 유리한 위치를 선점할 수 있다. 매도인의 사정을 알아내는 방법에는 크게 세 가지가 있다.

첫째, 소장님에게 물어보는 방법이다. 소장님을 통해 매도인의 사정에 관해 알아보라. 소장님과 매도인은 평소 교류하던 사이였을 수도 있고, 예전 거래의 인연으로 다시 매도 의뢰를 했을 수도 있다. 친한 사이가 아니더라도 소장님은 보통 매도인의 사정을 파악하고 있다.

매도인이 매물을 내놓을 때 소장님이 하는 일을 기억하는가? 소장님은 매도인에게 매매에 필요한 정보를 확인한다. 조건이 맞는 매수인과 연결해 주기 위해 공실인지, 매도인이 거주하고 있는지, 임차인이 살고 있는지, 전세 승계 조건인지, 이사 가능한 매물인지, 잔금 지급 날짜는 언제까지 해야 하는지, 특이한 조건은 없는지 알아본다.

이 과정에서 소장님은 자연스럽게 매도인의 상황을 알게 된다. 또한 매도인과 연락을 지속하면서 가격 조정을 더 해 줄 만한 사람인지 떠보기도 한다. 경쟁 부동산보다 저렴하게 매물을 받을 수 있다면 거래 가능성이 높아지기 때문이다.

매수인이라면 공동 중개가 아닌 단독 중개 매물을 찾아야 하는 이유가 또 하나 생기는 셈이다. 공동 중개를 이용하면, 내가 의뢰한 소장님은 매도인의 사정을 제대로 모를 수 있다. 매도인 쪽 소장님을 통해 건너 건너 물어볼 수도 있지만 한계가 있다. **가능하면 매물을 보유하고 있고, 매도인의 사정을 잘 아는 부동산에서 가격 조정을 시도하는 것이 유리하다**(매수용 소장님 가려내는 질문을 활용하라).

소장님

사장님, 집이 너무 예쁘네요. 이렇게 공들여 인테리어 하셨는데, 왜 파시는 거예요?

집수리할 때 정말 고생했어요. 다른 곳에 집을 샀는데, 잔금 때문에 어쩔 수 없이 매도하게 됐어요.

매도인

소장님

아, 그럼 꼭 잔금일 전에 매수인분 맞춰 드려야겠어요. 매수한 곳 잔금일이 언제일까요?

둘째, 등기부등본을 살펴보는 방법이다. 등기부등본이 무엇인가? 부동산의 권리관계에 대한 모든 것이 기록된 문서다. 나무의 역사가 나이테에 기록되어 있는 것처럼, 집의 역사와 현황은 등기부등본에 기록되어 있다. 소유자 정보는 물론, 매도인이 언제 주택을 매수했는지, 얼마를 지불했는지, 채무 관계는 어떤지 모두 확인할 수 있다.

일반적으로 등기부등본은 가격 조율까지 끝나고 나서 가계약금을 넣기 전 소장님이 다시 출력한다. 매수인은 그제야 비로소 등기부등본을 확인한다. 하지만 가계약금을 넣기 직전이라면 등기부등본에서 중요한 단서를 찾았다고 하더라도 가격 조정의 여지는 크지 않다. 매도인은 이미 협의를 끝냈다. 아주 급한 상황이 아니라면 더 깎아 줄 마음이 생기겠는가? 매수인은 소유자와 근저당권 확인 정도만 할 수 있을 뿐이다.

등기부등본은 반드시 가격 조정을 시도하기 전에 확인하라. 마음에 드는 매물이 보이면 소장님과는 별개로 등기부등본을 떼어 보는 습관을 들여야 한다(등기부등본은 인터넷 등기소www.iros.go.kr에서 유료로 열람이 가능하다. 700원의 수수료를 들여 몇백만 원에서 몇천만 원을 아낄 수도 있으니 아깝다고 생각하지 말자). 만약 등기부등본에 제2금융권을 포함하여 여러 곳의 근저당권이 설정되어 있고, 매매가에 비해 부채가 과도하다면 매도인이 금전적인 문제를 안고 있을 거라 추정해 볼 수 있다.

필자는 등기부등본 확인으로 급매를 잡은 경험이 있다. 다른 매수인이 더 비싸게 산다고 했던 상황이었다. 포기할까 하다가 습관처럼 등기부등본을 떼어 보았다. 거기에 실마리가 있었다.

소장님

사장님, 다른 부동산에서 더 비싼 가격에 산다는 매수인을 데려왔네요. 아쉽습니다.

소장님, 등기부등본 떼어 보니 매도인분이 증여받은 지 아직 5년이 안 되었더라고요. 자세한 내용은 모르지만, 증여받고 5년 이내 처분하면 세금 혜택이 없는 걸로 아는데… 한번 물어봐 주시겠어요? 저는 조금 더 늦게 등기를 가져와도 되거든요.

망둥이

제가 따로 알아보고 전화해 볼게요.

소장님

(한 시간 후)

사장님, 매도인분이 사장님께 파시겠대요!

소장님

또한 등기부등본에는 매도인이 해당 주택을 매수한 가격도 나와 있다. 매수한 가격보다 현재 가격이 많이 뛰었다면 조정의 여지가 조금 더 생긴다. 1억 원 오른 집보다 5억 원 오른 집의 매도인 마음이 조금 더 여유롭지 않겠는가? 그중 일부를 매수인에게 나눠 줄 수 있는 것이다.

집값이 별로 뛰지 않았거나 내려갔다면 협상의 여지가 줄어든다. 사람들은 자신이 주택을 매수했던 가격보다 손해 보고 매도하는 것을 정말 싫어하기 때문이다.

대법원 등기소에서 등기부등본을 열람할 때는 주소 검색창 밑에 있는 매매 목록 버튼을 반드시 클릭하자. 등기부등본을 열람하면 다음

처럼 거래가액이 갑구에 나와 있기도 하지만, 거래가액이 안 보이기
도 한다.

▷ 등기부등본 갑구

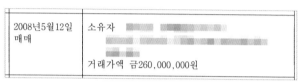

2008년5월12일 매매	소유자 ▓▓▓▓▓▓▓▓
	▓▓▓▓▓▓
	거래가액 금260,000,000원

자료: 인터넷 등기소

이 때문에 등기부등본에 거래가액이 나와 있지 않다고 이야기하는
사람이 있다. 매매 목록을 체크해서 열람하면 그럴 일이 없다. 그럼
등기부등본 마지막 페이지에서 다음과 같이 매매 목록과 거래가액을
확인할 수 있다.

▷ 등기부등본 매매 목록

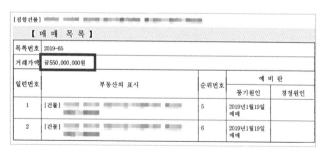

자료: 인터넷 등기소

거래가액이 갑구에 나와 있든 말든 처음부터 매매 목록을 체크하자. 일을 두 번 할 필요가 없다.

셋째, 네이버 부동산의 매물 상태를 확인하는 방법이다.

▷ 네이버 부동산 매물 화면

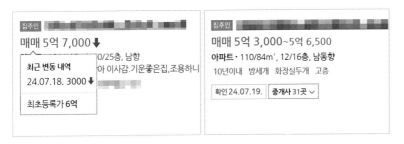

두 개의 매물에서 어떤 힌트를 찾을 수 있을까? 왼쪽 매물은 최초 등록가 6억 원에서 3,000만 원을 내렸다. 급한 사정이 있다고 유추해 볼 수 있다. 변동 내역이 두세 차례 누적된 매물은 더욱 그렇다. 오른쪽 매물은 부동산 31곳에 매물을 뿌렸다. 물론 앞서 필자가 설명했던 것처럼 전략적으로 매물을 뿌렸을 가능성도 배제할 수는 없다.

하지만 세상에 그렇게 전략적으로 행동하는 매도인이 얼마나 많을까? 이 책을 본 당신과 부동산에 관심이 있는 사람 몇몇을 제외하고는 별로 없을 것이다.

부동산 한두 곳에 매물을 내놓은 사람과 여러 곳에 매물을 내놓은

사람의 마음 상태는 다를 것이라고 의심해 볼 수 있다. 설사 전략적으로 매물을 뿌린 사람이면 어떤가? '안 되면 말고' 정신으로 제안을 넣어 볼 수도 있다.

오른쪽 매물의 호가는 5억 3,000만 원에서 5억 6,500만 원까지 형성되었다. 어떤 곳에는 5억 3,000만 원, 어떤 곳에는 5억 6,500만 원에 매물을 내놓았다. 상식적으로 이해되지 않는다. 아마도 매도인은 최초에 5억 6,500만 원에 여러 부동산에 내놓았을 것이다. 그런데 팔리지 않아서 소장님에게 물어보니 가격을 내리는 것이 좋겠다는 조언을 받았다. 가격을 내리기로 했다. 연락받은 일부 부동산에서는 네이버 부동산 매물에 바로 반영했다. 그러나 따로 연락하지 못한 부동산은 이전 가격인 5억 6,500만 원 상태를 유지한다. 한마디로 3,500만 원을 내린 마음 급한 매물이란 뜻이다.

소장님이 나서게 하라

마지막으로 소장님의 상황을 생각해 보자. 앞서 소장님이 부동산을 운영하는 이유를 몇 차례 설명했다. 소장님은 부동산 거래를 중개하고 수수료를 받기 위해 오늘도 사무실 문을 연다.

부동산 거래는 사람 사이에 이루어진다. 가족 간에도 서로 마음의 거리가 존재하는데, 이해관계 당사자끼리는 오죽할까? 소장님의 역할은 매도인과 매수인의 요구를 한 지점에 모으는 것이다. 소장님은 시장 상황과 매도인의 상황, 그리고 매수인의 성향까지 고려하여 적절한 합의점을 찾는다. 자신이 생각한 적당한 지점까지 매도인과 매수인을 끌고 오는 것이다.

'콩코드 오류Concorde fallacy'라는 말이 있다. 콩코드는 영국과 프랑스가 합작해서 만든 초음속 여객기다. 투자한 돈에 비해 효율이 나오지 않고, 환경 파괴와 안전 문제까지 대두되며 비행기 생산을 멈춰야 한다는 평가를 받았다. 그러나 영국과 프랑스는 끝까지 실패를 인정하지 않았다. 이미 엄청난 투자금이 들어갔기 때문이다. 결국 2000년 콩코드기 폭발로 탑승자 전원이 사망하는 사고가 일어났다. 그제야 운항을 중단하게 된다. 그 후 어떤 행동을 선택하고 실행하면 결과가 만족스럽지 않더라도 그동안 투입한 시간과 자원이 아까워서 포기하지 못하는 상황을 콩코드 오류라고 한다.

어느 날 매수인이 집을 보러 갔다. 직장을 다니기 때문에 연차를 내서 어렵게 부동산에 방문했다. 소장님과 하루 종일 집을 보러 다녔다. 이 집은 어떻고 저 집은 어떻고 설명을 들으며 고민하고 또 고민한다. 저녁 7시가 다 됐다. 드디어 마음에 드는 집을 발견했다. 소장님도 이 집이 제일 괜찮다고 추천한다. 가격을 조금만 더 깎고 싶다(물론 가장 괜찮은 집을 가장 마지막에 보게 된 것도 우연은 아닐 것이다).

그런데 소장님이 가격 조정에 적극적이지 않다. 말은 한번 해 보겠지만 안 될 거라고, 이 정도면 좋은 매물이니 계약하라고 한다. 왜 그럴까? 소장님이 찾은 합의점이 딱 그곳이기 때문이다. 소장님은 매도인과 매수인을 옆에서 모두 겪은 사람이다. 소장님이 수집한 경험 데

이터에 따라 매도인보다 매수인을 설득하는 것이 낫겠다고 판단한 것이다.

이때 매수인은 어떤 생각을 할까? 오늘 본 집 중에는 마지막 집이 그나마 마음에 든다. 연차까지 썼는데 뭐라도 계약하고 싶은 생각이 간절하다. 하루 종일 집을 보러 다녀 보니 쉬운 일이 아니다. 이 짓을 다음에 또 해야 한다니 벌써 한숨이 나온다. 칼을 뽑았으면 무라도 썰라고 했는데. 마음이 허하다. 적당히 계약하고 싶은 생각이 커진다. 콩코드 오류에 빠지는 순간이다. 이미 투자한 시간과 노력이 아까워서 말이다.

반대로 생각해 보자. 하루 종일 시간과 노력을 들인 사람은 매수인뿐만이 아니다. 소장님도 힘들었다. 매수인의 조건에 맞는 매물 목록을 확인했다. 매도인 혹은 임차인과 집 보러 가는 시간을 협의했다. 하루 종일 돌아다녔다. 집 보러 다니느라 전화도 대충 받았다. 오늘 공동 중개망에 어떤 매물들이 올라왔는지 확인도 못했다. 이런 상황에서 조금만 부추기면 계약할 것 같던 매수인이 계약을 안 한다고 한다. 그만큼 허탈한 일이 또 있을까? 소장님도 오늘의 노력을 보상받고 싶다.

조급하게 생각하지 말자. 누가 콩코드 오류에 빠지게 될 것인지는 결국 당신의 결정에 달렸다. 괜히 고생한 소장님에게 눈치가 보이는가? 들인 시간과 노력이 아깝게 느껴지는가? 나중에 또 연차를 쓰기 싫다는 생각이 드는가? 그렇다면 당신은 지금 불리한 위치에 서 있다. 더 무서운 사실은 소장님은 이미 당신의 속마음을 알고 있다는 것이다. 만약 가격 조정을 시도해 보고 싶다면 그런 마음을 들키지 말아야 한다. 소장님이 보기에 매수인이 사고 싶어서 몸이 달아 있다? 굳이 위험을 무릅쓰고 매도인에게 가격 조정을 요구하지 않는다.

처음부터 이런 상황을 막아야 한다. **소장님과 매물을 보러 다닐 때는 집 상태나 가격, 조건 등을 판단하는 언급은 피하라. 팩트만 확인하라.** 집이 마음에 드는지 혹은 마음에 들지 않는지, 어떤 점이 아쉬운지 등에 관한 가치 판단은 표현할 필요가 없다. 그저 집 안 구석구석을 살펴보라. 곰팡이 핀 곳은 없는지 확인하고, 살면서 불편한 점은 없는지 물어보는 데 집중하라. **그리고 매물을 보는 부동산이 여기 한 곳이 아니라는 사실을 흘려라. 소장님이 눈치챌 수 있도록 말하고 행동하라. 소장님이 보이지 않는 경쟁 상대를 의식할 수 있게 말이다.**

물론 소장님이 적극적으로 가격 조정에 나선다고 해서 성공한다는 보장은 없다. 결정은 매도인이 하기 때문이다. 소장님은 거래의 윤활유 역할을 할 뿐이다. 갑이 아니라 을이다. 너무 적극적으로 가격 조정을 하다가 혹여나 매도인의 마음이 상할까 봐 조심스럽다.

가격 조정을 할 때는 소장님이 쉽게 조정을 요청할 수 있도록 명분을 만들어 주는 것이 좋다. 협상은 일방적인 것이 아니다. 주고받는 것이다. 매도인이 무엇을 필요로 하는지 알아보라. 그리고 내가 줄 수 있는 것은 무엇인지 생각해 보라. 돈이 급한 매도인이라면 빠른 기간 안에 필요한 돈을 주겠다고 제안하라. 시간이 급한 매도인이라면 잔금을 빨리 치르겠다고 제안하라.

애덤 그랜트Adam Grant의 저서 『기브앤테이크 Give and Take』에 의하면 상호 호혜의 원칙 아래 만들어진 우리 사회에는 받은 만큼 돌려주는 매처matcher 성향을 띄는 사람이 가장 많다고 한다. 매수인이 명분만 만들어 준다면 소장님도 매도인에게 훨씬 편하게 가격 조정을 요청할 수 있다.

소장님

사장님, 매도인이 손해 보고 판다고 생각해서 잘 안 깎아 줘요.

소장님, 그럼 제가 ○○일까지 계약금하고 중도금 포함해서 ○억 원 맞춰 드릴게요. 이걸로 500만 원만 더 깎아 달라고 해 주세요.

매수인

결국 차가운 시장 상황, 매도인의 급한 사정, 소장님의 형편과 명분, 이 세 가지 요건을 충분히 활용하는 것이 가격 조정의 키포인트다. 세 가지 요건을 만족할 수 있다면 가격 조정 가능성이 높아진다. 안전 마진은 많으면 많을수록 좋다. 미리 계획하고 전략적으로 행동하라.

가격은 얼마를 낮춰야 할까?

차가운 시장이다. 매도인에게 급한 사정이 있는 것도 확인했다. 당신이 얼마를 깎아 달라고 할지 결정할 차례다. 고민이 된다. 만약 2,000만 원을 깎아 달라고 했는데 매도인이 흔쾌히 수락하면 기분이 좋을까? 아니다. 더 깎을 수도 있었다는 생각에 왠지 마음이 찜찜하다. 반면에 너무 세게 부르면 매도인의 기분이 상해서 계약 성사가 안 될까 봐 걱정이다.

깎으려는 가격보다 더 많이 불러라. 가격 협상에서는 먼저 가격을 부르는 사람이 유리하다. 심리학에서 말하는 기준점 효과(먼저 언급된 숫자가 기준점이 되어 그 숫자 근처에서 생각하게 되는 현상) 때문이다. 누군가 가격을 먼저 부르면 상대방의 머릿속에는 하나의 새로운 기준이 생긴다.

3억 5,000만 원에 내놓은 아파트를 당신이 과감하게 5,000만 원 깎아 달라고 했다고 가정해 보자. 집값에 비해 큰 금액이다. 깎아 주지 않을 가능성이 크다. 하지만 매도인은 앞으로 협상을 이어 나갈 때 좋든 싫든 3억 원에 대해 생각할 수밖에 없다. 당신이 새로운 기준점을 던졌기 때문이다. 이제 매도인은 3억 원을 기준으로 자신의 이익과 손해를 계산한다. 매수인이 3억 원을 불렀으니 재협상 금액을 이야기할 때도 3억 원에서부터 출발한다. '1,000만~2,000만 원 깎아 주면 계약하지 않는 거 아냐?'라고 생각하며 불안하게 된다. 처음에 적은 금액을 깎아 달라고 이야기하는 것과는 결괏값에서 질적인 차이를 불러오는 것이다.

소장님도 마찬가지다. 완고한 성격의 소장님은 매수와 매도의 간격이 너무 크면 접점 찾는 것을 포기한다. 하지만 어떻게든 거래를 만들어 내려는 적극적인 소장님은 다르다. 포기하지 않고 접점을 찾으려고 노력한다. 이런 소장님과 일을 진행할 때 당신이 돈이 없다고 이야기하며 5,000만 원을 깎아 달라고 하면 소장님도 은연중에 3억 원을 기준점으로 설정한다. 그럼 당신을 끌어올리느니 매도인을 끌고 오려고 조금 더 노력하게 된다.

이는 필자의 주장이 아니다. 노벨 경제학상 수상자 대니얼 카너먼 Daniel Kahneman이 과학 저널 『사이언스』에서 직접 연구를 통해 증명한 것이다. 그의 논문에 따르면 사람들은 판단을 내릴 때 여지없이 별상관이 없는, 그러나 새로운 기준점이 되는 숫자에 영향을 받았다. 부동산에서도 마찬가지였다. 단지 먼저 언급되었다는 이유로 말이다.

누구든지 생각해 보지 않은 제안을 받으면 처음에는 거부감을 느끼게 마련이다. 매도인이 기분 나쁘다고 할 수도 있다. 하지만 상황이 나아지지 않고, 다른 대안이 없다면? 거절하더라도 쉽게 포기하지 말자. 매도인도 당신이 부른 가격에 익숙해질 시간이 필요하다.

콩코드 오류를 활용할 수도 있다. 갖은 핑계를 대고 두세 번 집을 보러 가라. 집을 여러 번 보면 사야 할 것 같은 느낌을 강하게 받을 것이다. 이겨 내라. 그런 감정은 마음 급한 매도인에게 양보하라. **매도인의 시간을 많이 빼앗아라. 무심한 듯 한 번씩 소장님에게 연락을 넣어라.**

매도인에게 급한 사정이 있거나 팔고자 하는 의지가 강하다면 결국 협상 테이블에 앉는다. 그때 가격을 조정해 나가면 된다. 싸게 살 수밖에 없는 이유를 만들어라. 양보할 수 없는 가격을 말하라. 서로 목적한 바를 언급하라. 거래했을 때 각자 이득을 얻을 수 있는 부분을 이야기하라. 명분을 쌓아라.

그럼에도 얼마나 깎을지 고민스러운 사람이 있다. 매도인이 기분 나빠할까 봐 조심스러워하는 사람도 있다. 방법을 바꿔 보자. 하락장에서 매도인이 흔들리는 상황을 기억하는가? 소장님이 전화로 얼마까지 깎아 줄 수 있는지 운을 띄우면 대답하기가 얼마나 까다로웠는가?

지금 당신은 매도인이 아닌 매수인이다. 역으로 곤란한 질문을 던져라. 소장님에게 예산이 부족한데 얼마까지 깎아 줄 수 있는지 물어봐 달라고 하라. 만약 매도인이 가격을 이야기한다면 희소식이다. 본인이 직접 기준점을 낮추었기 때문이다. 그럼 그 금액부터 다시 시작하여 깎으면 된다. 매도인은 이미 자신이 기준점을 낮추었기 때문에 처음이라면 허용할 수 없던 가격 조정에도 관대해지기 마련이다.

사람들은 협상을 순간의 이벤트라고 생각한다. 한번 거절당하면 협상이 끝났다고 생각한다. 그러나 협상은 이벤트가 아니다. 과정이다. 원하는 만큼 깎아 주지 않으면 시간을 두고 질척거려라. **적은 금액을 깎아 달라고 하면 최대치를 알아낼 방법이 없다. 항상 더 크게 생각하라.**

쫄보도 손쉽게 협상력을 높일 수 있는 방법

협상은 어렵다. 특히 부동산 협상이 어렵게 느껴지는 이유는 세 가지다.

첫째, 의도적인 협상의 경험이 많지 않다. 육아 및 집안일 분담 같은 배우자와의 협상부터 시작해서 회사에서의 업무 조정, 시장에서 돈을 깎는 행위까지 협상은 늘 우리와 함께한다. 하지만 협상 능력은 자연스럽게 키워지지 않는다. 협상하면서 부족한 부분이 있으면 의도적인 노력으로 능력을 계발해야 한다. 문제는 우리가 일상적으로 하는 행위가 협상이고, 발전할 수 있는 영역이라는 생각 자체를 못한다는 것이다. 그러니 협상을 잘하는 사람은 계속 잘한다. 못하는 사람은 계속 못한다. 일상적인 협상은 그나마 상황이 낫다. 경험해 볼 수라도 있으니. 부동산 협상은 경험해 볼 일이 없다. 몇 년에 한 번씩 협상의 기회가 찾아온다. 매번 철저하게 패배하고, 복기할 생각조차 못한다.

둘째, 부동산 협상에서는 큰돈이 오간다. 큰돈이 오갈 때는 몸에 지나치게 힘이 들어간다. 대부분 경험해 본 적이 있을 것이다. 운동을 하든, 노래를 부르든, 소개팅을 하든 몸에 힘이 들어간 상태로 잘 풀리는 일은 우리 삶에서 찾아볼 수 없다. 몸에 힘이 들어간다는 것은 자연스럽지 않다는 뜻이다. 자연스럽지 않은 상황에서는 판단력이 흐려지거나, 무리수를 두거나, 성급하게 일을 진행한다.

셋째, 내 일이 되면 경주마가 된다. 남의 일에 훈수 두기를 좋아하는 사람들이 있다. 그들은 남들이 쉬운 길을 두고 어려운 길로 간다고 답답해한다. 하지만 막상 자기 일은 제대로 처리하지 못하는 경우가 많다. 장기나 체스도 옆에서 구경할 때는 초고수가 된다. 내 일이 아니라서 시야가 넓어지기 때문이다. 자기 일이 되면 옆 시야를 가린 경주마처럼 앞만 보게 된다.

당신이 협상을 어렵게 느낀다면 협상력을 높일 수 있는 방법 한 가지를 추천한다. 협상에서는 냉철하게 분석하고, 대담하게 판단해야 좋은 결과를 얻을 수 있다. 필자는 천성이 쫄보다. 긴장도도 높은 편이고, 이런저런 걱정에 잠 못 이루는 날도 많다. 그러니 그동안 부동산 거래를 하면서 얼마나 남 좋은 일을 해 왔겠는가?

어느 순간부터 필자는 결정권을 스스로 손에 쥐지 않는다. 부동산에 대한 모든 결정권은 필자의 몫이지만, 대외적으로는 아내의 것이라고 공표한다. 나는 대리인일 뿐이다.

망둥이

소장님, 저희 집은 경제권을 아내가 가지고 있어서요. 아내에게 먼저 결재받아야 합니다.

망둥이

소장님, 죄송해요. 아내가 그 금액에는 사지 말라고 하네요.

> 소장님, 아내가 추가 중개비도 드리는데 금액을 깎는 것은 좀 아닌 것 같다고… 원점에서 다시 생각해 보자고 합니다.

망둥이

> 소장님, 저는 이 아파트가 마음에 드는데 아내는 신축이 좋다고 하고… 그래도 금액을 조금 더 깎을 수 있다면 다시 한번 설득해 볼 수는 있을 것 같은데…….

망둥이

배우자 핑계만 댔을 뿐인데도 협상에서 몇 가지 이득을 얻을 수 있다.

첫째, 차분하게 생각할 시간을 벌 수 있다. 협상에서 대부분의 실수는 성급한 결정에서 나온다. 협상과 결정은 주변 환경과 맥락, 상대방과의 관계가 복합적으로 작용하는 고차원적인 행위다. 고려해야 할 요소가 많다는 의미다. 차분하게 상황을 파악하고 생각할 시간이 필요하다. 하지만 인간은 확실성을 추구하는 존재다. 이도 저도 아닌 모호한 상황을 견디지 못한다. 빨리 협상을 확정 짓고 싶어 한다. 당장 결정하지 않으면 매물이 날아갈 것만 같은 느낌, 매수인이 매수하지 않을 것만 같은 느낌에 쫓긴다. 소장님의 재촉에 바로 결정해 버리기 십상이다. 이어지는 후회는 늘 빠른 결정을 한 당신의 몫이 된다.

결정권을 배우자에게 넘기면 일단 쉬어 갈 수 있다. 거래 상대방은 당신에게 시간이 필요하다는 사실을 인지한다. 아내가 당장 전화를 안 받을 수도 있고, 집에 와서 이야기하자고 할 수도 있는 일 아닌가? 생각할 시간을 버는 것이다. 당신은 그 시간에 차분하게 상황을 생각하며 덧셈, 뺄셈을 해 볼 수 있다. 큰 실수를 줄일 수 있게 되는 것이다. 배우자 덕분에 얻은 시간을 여유롭게 활용하라. 상대가 당신과 협상 테이블에 앉아 있는 이유는 상대도 그것이 이득이 된다고 생각하기 때문이다. 절대로 조급하게 생각하지 말라.

둘째, 거래 상대방과 긍정적인 관계를 맺으며 협상을 이어 나갈 수 있다. 많은 사람이 협상이라고 하면 제로섬 게임zero-sum game을 떠올린다. 나와 상대방 중 반드시 한 명은 타격을 입을 수밖에 없다고 생각한다. 자존심이 상하면 상대방에게 적의를 갖기도 한다. 협상하다가 스스로 마음을 닫거나, 상대방의 마음을 상하게 만들기도 한다. 그러면 협상은 끝이다. 다음은 없다.

잊지 마라. 협상이 결렬되면 둘 다 소기의 목적을 이루지 못한다. 서로 손해인 것이다. 거래 상대방과 좋은 관계를 유지하라. 악역은 배우자에게 맡겨라. 거래 조건이 마음에 들지 않아도 다음을 도모하라. 3,000만 원 깎아 달라는 매수인에게 그럴 바에는 팔지 않겠다고 하는 것보다, 깎아 주고 싶지만 배우자가 펄쩍 뛰어서 난감하다고 전하라. 그 순간부터 협상은 새로운 전환점을 맞이한다. 깎아 주고 싶다고 공감해 줬다. 당신과 매수인은 좋은 관계를 유지할 수 있다.

공공의 적은 배우자, 배우자, 오직 당신의 배우자뿐이다. 배우자 설득이라는 공동의 목표를 가져라. 서로의 처지를 이해하며 다음 협상을 이어 나갈 수 있다. 시간을 두고 서로 머리를 짜내면 윈윈 하는 협상을 만들 수도 있는 것이다.

셋째, 협상에 유연하게 대응할 수 있다. 사회적 동물인 인간은 신용을 중요하게 여긴다. 남들이 자신을 일관적인 사람으로 평가하기를 바란다. 심리학 연구에 따르면, 어떠한 질문에 긍정적으로 대답한 사람은 관계없어 보이는 후속 질문에도 긍정적으로 대답할 가능성이 커진다고 한다.

당신은 협상하다가 3,000만 원 깎아 주고는 차라리 팔지 않겠다고 최후의 통첩을 했다. 매수인은 협상 테이블에서 내려가 버렸다. 사실은 사정이 급하다. 팔아야 한다. 마지막 승부수를 던져 본 것인데 상대방이 걸려들지 않았다. 나중에 가서 다시 3,000만 원 깎아 주고 팔겠다는 말이 쉽게 나올까? 말을 바꿀 명분이 없다. 일관적이지 않으니까. 하지만 결정권자가 배우자라면 이야기가 다르다. 처음에는 설득하지 못했지만, 나중에라도 설득할 수 있는 문제 아닌가? 상황에 따라 유동적인 대응이 가능하다.

넷째, 보이지 않는 상대방은 늘 더 어렵게 느껴진다. 소장님 입장에서 생각해 보자. 소장님은 매수인과 매도인 사이에서 유일하게 양쪽의 정보를 아는 사람이다. 호가와 매수 희망가가 차이 난다면 과연 누구의 편을 들까? 누구에게 더 양보하라고 닦달할까? 급하거나 계약을 더 원하는 사람이다. 필자 같은 쫄보는 소장님 밥이 되기 십상인 것이다. 누가 손해를 더 보고 덜 보는 것은 크게 상관없다. 소장님에게는 거래 자체가 중요하니까.

이럴 때 아내에게 결정권을 넘기고, 심지어 아내가 까다롭다고 이야기한다면? 당신이 급해 보이고, 협상을 잘 못하는 초보라도 소장님은 마냥 쉽게 보고 밀어붙일 수 없다. 당신의 뒤에는 까탈스러운 데다가 거래를 날릴 만한 권력이 있는 무시무시한 배우자가 있기 때문이다. 인간은 상상력의 동물. 눈에 띄지 않는 적은 더욱 무서워 보이기 마련이다.

필자가 부동산 협상을 할 때 가장 까다로웠던 경우도 배우자와 상의해 봐야 한다는 사람이었다. 실컷 내 조건에 맞게 협상해 놓았다고 생각했는데, 결재를 받아야 한다나 뭐라나. 협상에 자신이 없는데 협상의 고수처럼 행동할 필요는 없다. 배우자를 협상의 고수로 만들고, 당신은 대리인이 되어라.

우리는 소장님을 통해 부동산 거래를 한다. 소장님은 매수자와 매도자를 매칭하고, 집을 보여 주며, 가운데서 조율하는 중재자 역할도 한다. 부동산 거래에서 이득을 얻으려면 소장님과 훌륭한 파트너십을 만들어야 한다.

하지만 그것이 소장님에게 우리의 생살여탈권을 맡겨야 한다는 뜻은 아니다. 결국 당신이 해야 할 일은 거래에서 소장님의 역할을 점점 줄여 가는 것이다. 소장님과 소장님의 일을 자세히 알면 알수록, 우리는 거래에서 소장님의 역할을 줄일 수 있다.

당신은 소장님에 대한 이해를 바탕으로 적재적소에서 요구 사항을 관철할 수 있어야 한다. 소장님이 당신 편에서 일할 수 있는 판을, 그 누가 아닌 '당신'이 깔아야 한다. 그냥 '해 주세요'가 아니라 '판을 다 깔아 드렸으니 진행만 잘해 주세요'가 되어야 한다.

본 책에서는 소장님 활용법과 함께 부동산 거래와 관련된 전반적인 사항을 서술했다. 1장에서는 소장님에 대한 이해를 바탕으로, 소장님이 거래 단계마다 하는 일을 알아보았다. 거래 절차를 완벽하게 파악하면 중간중간 혹시나 있을 수 있는 중개 사고를 예방하고, 적재적소에 나에게 유리한 요구를 할 수 있기 때문이다.

중개 수수료와 중개 시스템에 관해서도 이야기했다. 이를 통해 소장님이 어떤 유인으로 움직이는지 알 수 있었다. 앞으로 우리가 소장님을 활용하기 위해 꼭 필요한 밑바탕이 되는 지식이다.

2장에서는 우리가 왜 집을 많이 보고 소장님을 많이 만나야 하는지 알아보았다. 부동산 초보가 배우기 좋은 소장님을 찾는 방법과 소장님과 대화하는 법도 이야기했다. 우리가 소장님에게 오해하고 있는 부분을 밝혔다. 소장님에게 휘둘리지 않기 위해서 스스로 상황을 통제할 수 있도록 준비해야 하기 때문이다.

3장에서는 작은 돈 아끼는 방법을 살펴보았다. 작은 돈은 주로 수수료와 관련이 있다. 중개 수수료와 법무사 수수료를 아끼는 방법을 설명했다. 물론 이것은 선택의 문제다. 작은 돈을 더 내고 그 이상의 이익을 얻을 수 있는 상황이라면 큰돈을 선택하는 것이 맞다.

마지막으로 4장에서는 큰돈을 아끼는 방법을 서술했다. 매매의 기술, 전세의 기술, 가격 조정의 기술로 나누어 거래에서 이득을 얻는 방법을 알아보았다. 당신이 원하는 시점에 매매할 수 있는 방법에 관해 이야기했다. 작게는 몇백만 원부터 크게는 몇천만 원까지 아낄 수 있는 팁을 소개했다.

혹시 무릎을 탁 치면서 책을 보았는가? 아마도 며칠 후면 당신의 무릎을 치게 만들었던 내용은 모두 기억에서 사라질 것이다. 무릎을 쳤던 것은 기억나겠지만. 독일의 심리학자 헤르만 에빙하우스Hermann Ebbinghaus는 우리가 학습한 내용을 70퍼센트 잊어버리는 데 하루면 충분하다고 했다. 단기 기억 안에 저장되었던 지식은 바로 휘발된다. 하지만 부동산 거래는 미래의 알 수 없는 시점에 하는 경우가 대부분이다. 산지식으로 활용하려면 그때까지 어떻게든 내 머릿속에 넣어 두어야 한다.

단기 기억에서 장기 기억으로 지식을 옮겨 놓아야 한다. 책의 내용을 진정 나의 것으로 만들고 싶다면 반복과 인출output의 과정을 거쳐라. 필자는 2021년부터 자본주의 스터디 '점프'를 운영하면서 인출의 3단계를 만들었다. 이 단계를 거친 멤버들은 책의 내용을 허투루 흘려보내지 않았다. 사고방식이 변화했다. 새로운 정체성을 갖게 되었다. 인생을 바꾸었다. 본 책의 내용도 다음처럼 따라 하면 완전히 당신의 것으로 만들 수 있다.

1단계, 여러 번 읽으며 완전히 이해하라. 대뇌변연계 양쪽 측두엽에 위치한 해마는 강도 혹은 빈도에 따라 학습한 정보 중 일부를 장기 기억으로 보낸다. 강도가 강하거나 빈도가 많은 지식일수록 장기 기억으로 갈 확률이 높아진다. 따라서 본 책을 여러 번 읽는 것이 좋다. 2단계, 자신의 경험과 생각을 버무려 글로 정리하라. 불완전하게라도 지식을 인출하려면 필연적으로 뇌 속에서 다양한 사고 과정을 거쳐야 한다. 일기장에 적거나 책 중간중간에 메모하는 것도 방법이지만, 가장 좋은 것은 피드백을 받을 수 있는 블로그 쓰기다. 여의찮다면 주변 사람들에게 책을 선물하라. 그리고 책의 내용에 대해 자주 이야기를 나눠라. 당신의 머릿속에 잠들어 있는 지식을 입 밖으로 *끄집어내라*. 3단계, 다른 말이 더 필요한가? 실천하라.

당장 거래 계획이 없다면 책의 내용을 실제로 적용하기는 힘들 것이다. 하지만 우리 몸의 신경전달물질 중 하나인 '도파민'은 목표를 세우거나 달성했을 때 뇌에 쾌감을 주는데, 그것은 곧 동기 부여로 이어진다. 거래하지 않아도 실천해 볼 수 있는 내용은 무엇일까?

지역을 분석해 보고, 소장님을 알아보고, 임장을 해 보고, 소장님과 대화하는 일은 거래 계획이 없어도 지금 당장 실행할 수 있는 일이다. 그렇게 작은 것부터 실행한다면, 당신은 공부를 지속할 수 있는 동기를 얻는다. 훗날 실제 거래를 할 때도 적극적으로 지식을 활용할 가능성이 높아진다.

성공은 불확실성을 줄이는 일에서부터 시작된다. 아무리 크게 성공할 수 있다고 하더라도 성공의 키가 다른 사람의 손에 있으면 계산이 서지 않는다. 당신이 직접 게임 체인저가 되어야 한다. 성공의 키는 언제나 당신이 쥐고 있어야 한다. 성공하더라도 실패하더라도, 그 주체는 나 스스로가 되어야 한다. 그래야만 실패해도 교훈을 얻고, 성공할 때 크게 성공한다.

아마도 당신은 이 책을 읽기 전 소장님에게 기대어 부동산 거래를 잘할 수 있는 방법을 기대했을지도 모른다. 그러나 이 책에 그런 내용은 없다. 이 책은 '어떻게 하면 부동산 거래를 할 때 성공의 키를 나에게로 가지고 올 수 있을까?'에 대한 고민의 결과물이다.

거래를 많이 해 본 노련한 투자자에게는 소장님이 그리 중요하지 않다. 부동산 거래 경험이 어느 정도 쌓이면 거래 절차를 이해하게 된다. 어떻게 하면 유리한 위치에서 거래할 수 있는지 깨닫는다. 자연스럽게 가장 좋은 매물을 가지고 있거나 거래 조건을 맞춰 주는 소장님을 찾아서 거래하게 된다. 특별한 상황을 제외하고는 최악만 피하면 된다. 굳이 소장님에게 의지할 필요가 없는 것이다.

잠깐! 방금 당신의 이야기는 아니라고 생각했는가? 노련한 투자자도 초보 시절이 있었다. 초보 시절이 있었기에 지금의 자리에 있을 수 있는 것이다. 다시 한번 이야기한다. 읽고, 쓰고, 실천하라. 대한민국 대표 쫄보인 필자도 성장했으니 당신도 할 수 있다. 성장하기 위해 새롭게 배우고 도전하는 당신에게 응원의 박수를 보낸다.

ㄱ

가계약 정식 계약에 앞서 임시로 맺는 계약. 41-45, 52, 205, 206

갈아타기 기존에 살던 집을 처분하고 다른 집을 사는 행위로, 보통 기존 주택보다 비싸거나 입지가 좋은 곳을 매수. 9, 30, 39, 87, 90, 103, 144-145, 194, 202-208, 210, 243

거래가액 매도인과 매수인이 실제로 거래한 금액. 48, 250-251

건축물대장 건축물과 대지의 현황, 구조 내력의 정보가 적힌 공용문서. 481

경매 채무자가 채무를 이행하지 못하는 상황에 이르렀을 때 채권자가 법원에 신청하여 부동산을 매도하고 자금을 회수하는 행위. 31, 221, 244

공급 물량 주로 새로 지은 아파트의 총량을 뜻함. 214-215, 217, 219

공동 명의 부동산의 소유권이 두 명 이상에게 있는 상태. 158-160

공동 중개 두 명의 중개사가 각각 매수인과 매도인을 데려와서 중개하는 형태. 62-66, 79, 135, 144, 154, 175, 247

공동 중개망 중개사가 공동 중개를 목적으로 이용하는 전산 시스템. 65, 254

공매 경매와 비슷하지만, 채권자가 공공기관이라는 점이 다름. 244

공시가 공동주택 공시 가격으로, 국토교통부에서 1년에 한 번 발표. 157-159, 238

공실 아무도 거주하고 있지 않아 비어 있는 집이나 상가, 혹은 사무실. 28-29, 31, 178, 226, 246

구축 정확한 기준은 없으나 대략 15~20년 차가 넘는 오래된 아파트를 말함. 20, 34, 168, 188, 219, 220

국민주택채권 정부가 국민 주택 사업에 들어가는 자금을 조달하기 위해 발행하는 채권. 소유권 이전이나 주택담보대출 시 의무적으로 사도록 함. 155, 157-159

권리금 매수인이 회사나 가게를 인수할 때 미래 순이익의 일정 금액을 계산하여 매도인에게 챙겨 주는 것. 26

근저당권 은행에서 대출받는 사람에게서 돈을 돌려받을 수 있도록 설정하는 권리로, 등기부등본에서 확인 가능. 연체, 수수료 발생 등 대출액 변동에 대비하여 대출 총액의 110~120퍼센트를 설정함. 31, 248

급매 매도인의 사정으로 급하게 팔고자 하는 매물. 급매가 아닌 물건보다 상대적으로 저렴하게 거래됨. 39, 60, 107, 127, 173, 175, 195-200, 205, 244, 248]

기준층 대체로 5층 이상의 중층을 뜻함. 197, 199

부린이를 위한 부동산 거래의 기술

부동산 소장님 사용 설명서

초판 1쇄 인쇄 2024년 8월 5일
초판 1쇄 발행 2024년 8월 12일

지은이 망둥이(오성일)

펴낸이 김연홍
펴낸곳 아라크네

출판등록 1999년 10월 12일 제2-2945호
주소 서울시 마포구 성미산로 187 아라크네빌딩 5층(연남동)
전화 02-334-3887   팩스 02-334-2068

ISBN 979-11-5774-762-7 03320